PARÁBOLAS terapêuticas

VOLUME 3

UMA ABORDAGEM PSICOLÓGICA TRANSPESSOAL-CONSCIENCIAL
DAS PARÁBOLAS DE JESUS

PARÁBOLAS Terapêuticas

VOLUME 3

UMA ABORDAGEM PSICOLÓGICA TRANSPESSOAL-CONSCIENCIAL DAS PARÁBOLAS DE JESUS

EDITORA
ESPIRITIZAR

Alírio de Cerqueira Filho

Parábolas Terapêuticas - Volume 3
UMA ABORDAGEM PSICOLÓGICA TRANSPESSOAL-CONSCIENCIAL DAS PARÁBOLAS DE JESUS

© 2019 Federação Espírita do Estado de Mato Grosso

Dados Internacionais de Catalogação na Publicação (CIP)
(Câmara Brasileira do Livro, SP, Brasil)

Cerqueira Filho, Alírio De
    Parábolas terapêuticas, volume 3 : uma abordagem
psicológica transpessoal-consciencial das parábolas
de Jesus / Alírio De Cerqueira Filho. -- Cuiabá :
Editora Espiritizar, 2019. -- (Série estudo
transpessoal-consciencial do evangelho)

    Bibliografia.
    ISBN 978-85-65109-77-2

    1. Espiritismo 2. Jesus Cristo - Ensinamentos
3. Jesus Cristo - Parábolas - Interpretações
espíritas 4. Psicologia transpessoal I. Título.
II. Série.

19-24809   CDD-133.901

        Índices para catálogo sistemático:
    1. Parábolas terapêuticas : Jesus Cristo :
        Ensinamentos : Interpretações espíritas :
        Abordagem psicológica transpessoal : Doutrina
        Espírita   133.901

    Cibele Maria Dias - Bibliotecária - CRB-8/9427

EDITORA
ESPIRITIZAR

Conselho Editorial
Frederico Ayres
Lacordaire Abrahão Faiad
Luiza Leontina Andrade Ribeiro
Regilaine Crepaldi
Saulo Gouveia Carvalho
Solange Montanha

Arte da capa
Dhiego Feitosa

Foto da capa
shutterstock.com

Projeto gráfico
Gerson Reis

1ª edição abril/2019 - 200 exemplares

Editora Espiritizar – Federação Espírita do Estado de Mato Grosso
Av. Djalma Ferreira de Souza, 260 Setor Oeste | Morada do Ouro
Cep. 78.055-170 – Cuiabá-MT | Tel. (65) 3644 2727
www.feemt.org.br / editoraespiritizar@feemt.org.br

Projeto gráfico e editoração Reis Editores - Bureau Editorial
11 2729-9412 – São Paulo – SP
gersonreisjunior@gmail.com

Sumário

Apresentação

As parábolas de Jesus são ensinamentos cujo valor a humanidade começa a compreender com maior eficiência. As lições exaradas nelas são tão essenciais para a nossa vida que se constituem um conjunto com valor terapêutico para todos aqueles que se aprofundem nessa fonte de *água viva*, como certo dia fez a samaritana junto ao poço de Jacó.

Toda parábola, na verdade, é um conjunto simbólico. As palavras ocultam o significado real do que se quer dizer. Das parábolas que se conhecem, as de Jesus são as mais ricas em simbologia.

Podemos interpretar uma parábola de várias maneiras, superficial ou profundamente. Neste livro, utilizamos como referencial teórico para interpretar as parábolas a moderna ciência da psicologia transpessoal, em uma abordagem consciencial, cuja visão de homem integral – corpo, mente e Espírito – auxilia-nos amplamente a interpretar os conceitos exarados no Evangelho de Jesus.

Por isso, a interpretação que fazemos a respeito das parábolas cristãs neste livro, em muitos aspectos, é diferente daquelas exaradas em outras obras de cunho interpretativo.

O objetivo principal deste livro é o de possibilitar aos estudantes do Evangelho uma visão psicológica transpessoal-consciencial das parábolas, com finalidade terapêutica, conforme proposta da Mentora Joanna de Ângelis.

Na obra *O Ser Consciente*, ela diz:

Psicoterapeuta superior, Jesus não foi apenas o **filósofo** e o **psicólogo** que compreendeu os problemas humanos e ensejou conteúdos libertadores, mas permanece como **terapeuta** que rompeu as barreiras da personalidade dos pacientes e penetrou-lhes a consciência de onde arrancou a culpa, a fim de proporcionar a catarse salvadora e a recomposição da individualidade aturdida, quando não em total infelicidade.

Possuidor de transcendente capacidade de penetração nos arquivos do inconsciente individual e coletivo, Ele tornou-se o **marco mais importante da psicologia transpessoal**, por adotar a postura mediante a qual considera o indivíduo um **ser essencialmente espiritual**, em transitória existência física, que faz parte do seu programa de autoburilamento.[1] (grifos nossos)

Na obra *Vida: Desafios e Solução*, ela explana:

A psicologia [...] convida o indivíduo a avançar sem a utilização de novas bengalas ou de dependências de qualquer natureza, a fim de ser livre.

[...] As revoluções do pensamento têm sido muito velozes e se acentuam nesta última década, prenunciadora de uma Nova Era da Consciência, quando os horizontes se farão mais amplos e a compreensão da criatura se tornará mais profunda, particularmente em torno do Si, do Espírito imortal.

Todas as correntes da atual filosofia, com raras exceções e experimentos das Doutrinas Psíquicas e Parapsíquicas, como ocorre em algumas outras áreas, convergem para o ser permanente e real, aquele que atravessa o portal da morte e volve ao proscênio terrestre em nova experiência iluminativa.

---

1 FRANCO, Divaldo. *O Ser Consciente*, pelo Espírito Joanna de Angelis. Editora Leal, p. 20

Como consequência, a busca da Realidade vem sendo orientada para o mundo interior, no qual o ser mergulha com entusiasmo e sabedoria, superando os imperativos das paixões perturbadoras, das sensações mais primitivas a que se vinculava.

Essa proposta é muito antiga, porque as necessidades humanas também o são. Pode-se, porém, arrolar no **Evangelho de Jesus, que é considerado um verdadeiro tratado de psicoterapia e deve ser relido com visão nova e profunda por todos, particularmente conforme vem ocorrendo com a Psicologia e as demais Doutrinas do psiquismo** [...].[2] (grifos nossos)

Na obra *O Homem Integral*, ela afirma que:

Jesus, o Psicoterapeuta Excelente, ao sugerir o "amor ao próximo como a si mesmo" após o "amor a Deus" como a mais importante conquista do homem, conclama-o a amar-se, a valorizar-se, a conhecer-se de modo a plenificar-se com o que é e tem, multiplicando esses recursos em implementos de vida eterna, em saudável companheirismo, sem a preocupação de receber resposta equivalente.[3] (grifos nossos)

Foi com a Mentora Joanna de Ângelis, portanto, que aprendemos a ver Jesus e o Evangelho com esse olhar profundamente psicológico. A denominação de Jesus como *Psicoterapeuta Excelente*, o Evangelho como um *tratado de psicoterapia*, o convite à sua releitura com essa visão nova e profunda nos sensibilizou intensamente.

Com o estudo das obras da sua coleção psicológica, passamos a melhor entender o que a Mentora quer dizer com evangelhoterapia, ligando a psicologia ao Evangelho, bem como à proposta psicoterapêutica cristã.

2 Franco, Divaldo *Vida: Desafios e Solução*, pelo Espírito Joanna de Angelis. Editora Leal, p. 102

3 _____ . *O homem integral*, pelo Espírito Joanna de Angelis. Editora Leal, p. 27

Jesus, por ser um Espírito Crístico e por trazer em Si, de forma relativa, todos os atributos do Criador, falava de modo simbólico e terapêutico não apenas para aquele momento histórico e para os povos que habitavam aquela região do Oriente Médio, mas para a eternidade, por isso as suas palavras são conhecidas como palavras da vida eterna, pois foram pronunciadas para todos os tempos e toda a Humanidade.

Hoje, com o avanço das ciências que estudam os símbolos, especialmente a psicologia transpessoal-consciencial, podemos entender melhor os ensinamentos do Mestre.

Para que possamos verdadeiramente entender os símbolos contidos no Evangelho e utilizá-los terapeuticamente, é necessário vê-los de uma forma **consciencial**, isto é, buscando, como aprendizes, perceber-nos no contexto do ensinamento, fazendo perguntas a nós mesmos sobre o que os símbolos dizem com relação à nossa própria vida. É necessário que cada um faça por si essa busca. Chamamos a atenção para isso, pois, culturalmente, tendemos a nos focar em outras pessoas e no mundo exterior, desviando a atenção que devemos dar a nós mesmos e ao processo de autoconhecimento para a autotransformação.

Quando Jesus falava a um de Seus discípulos, seja naquele momento histórico, ou para o porvir, era para que ele se transformasse em uma pessoa melhor. Essa autotransformação somente é possível a partir do autoacolhimento amoroso, gerador do autoconhecimento e do autodomínio. Todos os Seus ensinamentos foram pronunciados com esse objetivo.

Os ensinamentos, por serem simbólicos, permitem ao discípulo fazer uma viagem com o Mestre em direção ao seu Eu interior – a Essência Divina que todos somos –, de modo a se autoacolher amorosamente para que possa evoluir até a plenitude do Ser.

Com essa releitura, muitos conceitos ficam muito mais simples de entender, podendo ser mais facilmente aplicados no dia a dia, conforme veremos neste livro, no qual extraímos das Parábolas do Evangelho de Jesus vários convites-convocação.

Buscamos nesses estudos decodificar, da maneira mais simples, possível as profundas lições oferecidas por Jesus, trazendo-as ao encontro de cada um, utilizando exemplos da vida cotidiana e fazendo a correlação com a psicologia, porquanto percebemos o Evangelho como um manancial psicoterapêutico incomparável e que pode ajudar a todos aqueles que trazemos conflitos psicológicos a cura real dos males do corpo e da alma.

Apesar de essa interpretação psicológica do Evangelho de Jesus sugerida pela Mentora Joanna de Ângelis ser bastante pragmática e muito coerente, percebemos que muitos companheiros do Movimento Espírita estranham tais conceitos, acostumados, talvez, somente com a feição religiosa da Doutrina Espírita. Ainda hoje, muitos companheiros dentro do movimento estranham a associação entre uma ciência como a psicologia ao Espiritismo e, muito mais, ao Evangelho de Jesus.

A esse respeito, vamos buscar subsídios na própria obra kardequiana, que dirime todas as dúvidas. Allan Kardec, em *O Evangelho Segundo o Espiritismo*, capítulo I, item 8, diz que são chegados os tempos para que a ciência deixe de ser exclusivamente materialista e a religião ignore as leis que regem o mundo material.

Vejamos o texto:

São chegados os tempos em que os **ensinamentos do Cristo têm de ser completados**; em que o **véu intencionalmente lançado sobre algumas partes desse ensino tem de ser levantado**; em que a **Ciência**, deixando de ser exclusivamente **materialista**, tem de **levar em conta o elemento espiritual** e em que a **Religião**, deixando de ignorar as leis orgânicas e imutáveis da matéria, como duas forças que são, apoiando-se uma na outra e marchando combinadas**, se prestarão **mútuo concurso**. Então, não mais desmentida pela Ciência, a Religião adquirirá inabalável poder, porque estará de acordo com a razão, já se lhe não podendo mais opor a irresistível lógica dos fatos.[4] (grifos nossos)

Como dissemos, aprendemos essa visão *nova* dos ensinamentos do Cristo com a Veneranda Joanna de Ângelis. Há muitos anos, vimos utilizando a terapia dos símbolos para interpretar o Evangelho de Jesus, com a abordagem psicológica transpessoal-consciencial.

Um outro propósito que temos com esta obra é o de fornecer aos expositores dos Centros Espíritas um substrato de pesquisa.

Várias parábolas aqui compiladas estão presentes em outras obras por nós publicadas em diferentes capítulos, dos quais ampliamos alguns conceitos. Outras estão sendo publicadas pela primeira vez.

Nesta oportunidade, estamos publicando o terceiro volume de *Parábolas terapêuticas* com novas parábolas, que não foram contempladas anteriormente, e algumas que já foram apresentadas nos volumes I e II, com uma nova interpretação de caráter existencial.

Esperançamos que todos façam um excelente estudo.

Muita paz!

O autor
Cuiabá, 28 dezembro de 2018.

---

4 KARDEC, Allan. *O Evangelho Segundo o Espiritismo.* Rio de Janeiro: FEB, p. 58

1

parábola
DO DISCERNIMENTO

✖

Estudaremos, inicialmente, uma das parábolas mais profundas do Evangelho de Jesus, que aborda exatamente como desenvolver a virtude do discernimento.

Essa parábola é muito incompreendida quando interpretada ao pé da letra. Nela, Jesus convida a todos que querem ser Seus discípulos a trilharem um caminho iniciático para que construam um novo Ser em si mesmos e se tornem instrumentos de Sua paz, vencendo as três tentações egoicas, que nos acompanharão para que as transmutemos gradualmente, até que nos tornemos Seres Crísticos, libertos totalmente do ego.

A **Parábola do Discernimento** está registrada em Lucas, 4:1 a 13:

> Jesus, pois, cheio do Espírito Santo, voltou do Jordão; e era levado pelo Espírito no deserto, durante quarenta dias, sendo tentado pelo diabo. E naqueles dias não comeu coisa alguma; e terminados eles, teve fome.
>
> Disse-lhe então o Diabo: Se tu és Filho de Deus, manda a esta pedra que se torne em pão. Jesus, porém, lhe respondeu: Está escrito: Nem só de pão viverá o homem, mas de toda palavra que sai da boca de Deus.
>
> Então o Diabo, levando-o a um lugar elevado, mostrou-lhe num relance todos os reinos do mundo. E disse-lhe: Dar-te-ei toda a autoridade e glória destes reinos, porque me foi entregue, e a dou a quem eu quiser; se tu, me adorares, será toda tua.
>
> Respondeu-lhe Jesus: Vai-te, Satanás; porque está escrito: Ao Senhor teu Deus adorarás, e só a ele servirás.
>
> Então o levou a Jerusalém e o colocou sobre o pináculo do templo e lhe disse: Se tu és Filho de Deus, lança-te daqui abaixo;

porque está escrito: Aos seus anjos ordenará a teu respeito, que te guardem; e: eles te susterão nas mãos, para que nunca tropeces em alguma pedra.

Respondeu-lhe Jesus: Dito está: Não tentarás o Senhor teu Deus.

Assim, tendo o Diabo acabado toda sorte de tentação, retirou-se dele até ocasião oportuna.

Em *A Gênese*, no capítulo XV, itens 52 e 53, Allan Kardec faz uma referência a essa parábola do Evangelho. Estudemos o comentário do Codificador e uma elucidação sobre o tema, ditada pelo Espírito João Evangelista:

Jesus, transportado pelo diabo ao pináculo do Templo, depois ao cume de uma montanha e por ele tentado, constitui uma daquelas parábolas que lhe eram familiares e que a credulidade pública transformou em fatos materiais.

Orientação de João Evangelista – Jesus não foi arrebatado. Ele apenas quis fazer que os homens compreendessem que a Humanidade se acha sujeita a falir e que deve estar sempre em guarda contra as más inspirações a que, pela sua natureza fraca, é impelida a ceder.

A tentação de Jesus é, pois, uma figura e fora preciso ser cego para tomá-la ao pé da letra. Como pretenderíeis que o Messias, o Verbo de Deus encarnado, tenha estado submetido, por algum tempo, embora muito curto fosse este, às sugestões do demônio e que, como o diz o Evangelho de Lucas, o demônio o houvesse deixado por *algum tempo*, o que daria a supor que o Cristo continuou submetido ao poder daquela entidade? Não; compreendei melhor os ensinos que vos foram dados. O Espírito do mal nada poderia sobre a essência do bem.

[...] Compreendei, portanto, o sentido dessa parábola, que outra coisa aí não tendes, do mesmo modo que nos casos do *Filho Pródigo* e do *Bom Samaritano*.

Façamos, a seguir, a exegese psicológica transpessoal--consciencial da parábola.

Jesus, pois, cheio do Espírito Santo, voltou do Jordão; e era levado pelo Espírito no deserto, durante quarenta dias, sendo tentado pelo diabo. E naqueles dias não comeu coisa alguma; e, terminados eles, teve fome.

Esta parábola demonstra a preparação para um ministério. Ela simboliza um convite aos candidatos a discípulos de Jesus para que percorram um caminho iniciático. Jesus é um Espírito Crístico, o mais puro que Deus nos ofereceu como guia e modelo, e, portanto, já se encontrava completamente preparado para o Seu ministério. Assim, não tinha mais um ego capaz de tentá-lO e desviá-lO do caminho.

Nós, candidatos ao processo de iluminação, temos o ego ainda muito forte e que nos tenta de todas as formas possíveis, conforme veremos no estudo da parábola, que nos ensina como colocá-lo a serviço do Ser Essencial, construindo um novo Ser, constituindo-se no processo que todos aqueles que querem se iluminar e seguir, incondicionalmente, o Caminho de Jesus devem passar.

Essa parábola, do ponto de vista psicológico transpessoal-consciencial, retrata a saga do Ser Essencial em busca da autoiluminação, lidando com os tormentosos convites do ego para a busca exterior.

Jesus revela aos candidatos a discípulos, em uma didática abordagem da fissão do eixo ego/Ser Essencial, que eles ainda não alcançaram a pureza espiritual, e, por isso possuem um lado sombra (simbolizado pelo *diabo* na parábola) e um lado luz, que caminha em realidade para a unicidade, em direção ao uno com o Pai, Deus nosso Criador.

Notemos que Jesus estava cheio do *Espírito Santo*, o que significa o estado cósmico, pleno, e foi levado pelo *Espírito ao deserto*. Qual a simbologia do *deserto*? O *deserto* simboliza o Ser na quietude de si mesmo.

Jesus, ao reportar-se a esse *deserto*, afirma que ali foi tentado pelo *diabo*, simbolizando a manifestação do ego em sua busca de indeferir a legitimidade do Ser Essencial e, consequentemente, desconsiderar a realidade transcendente do Ser.

Trata-se de um mergulho em um caminho meditativo, o qual Jesus relata de maneira historiada, e constitui-se na trajetória trilhada por todos os grandes Espíritos que iniciaram uma grande transformação, no planeta e em si mesmos, construindo um novo Ser.

Jesus não precisava disso, mas todos os Seus discípulos, que se transformaram em Seus apóstolos, no Oriente ou no Ocidente, antes de começarem um caminho iluminativo, estiveram em solitude, meditando sobre o caminho a seguir.

Para citar alguns dos mestres orientais, todos discípulos de Jesus, como nos ensina o Mentor Emmanuel em *A Caminho da Luz*, Krishna, antes da jornada ao encontro de Arjuna, entra em profundo silêncio. Buda passa pelos estágios do excesso e da escassez antes de silenciar-se embaixo da copa da árvore da sabedoria. Confúcio busca as paisagens distantes e, no silêncio de si mesmo, ouve a voz do Universo.

No Ocidente, temos o mesmo caminho sendo trilhado por Paulo de Tarso, que se recolhe ao deserto íntimo após a fase de perseguição aos cristãos e do grande encontro terapêutico com Jesus, na estrada de Damasco.

O próprio Francisco de Assis, após a doença que o acomete depois de ter voltado da guerra, no silêncio de si mesmo ouve a voz do Mestre a convidá-lo a reconstruir a Sua Igreja.

Muitos outros foram os que mergulharam no deserto da consciência tanto no Oriente quanto no Ocidente para servir a Jesus, iluminando-se e demonstrando aos demais como seguir um caminho iluminativo.

Neste livro, vamos nos ater ao caminho ensinado por Francisco de Assis.

Reconhecer, portanto, a necessidade de adentrar o deserto de si mesmo, em contato com os mais íntimos pensamentos, é fundamental para o início da jornada de construção de um novo Ser.

Disse-lhe então o diabo: Se tu és Filho de Deus, manda a esta pedra que se torne em pão. Jesus, porém, lhe respondeu: Está escrito: Nem só de pão viverá o homem, mas de toda palavra que sai da boca de Deus.

Aqui, temos a primeira tentação egoica: **sentimento de privilégio.**

Inicialmente, o ego desafia o Ser Essencial, dizendo: *Se tu és filho de Deus.* Qual a intenção desse desafio? Gerar insegurança sobre aquilo que o Espírito sabe ser: filho de Deus.

Todos somos convidados a saber, sentir e existir como filhos de Deus. Quando colocamos isso em dúvida, entramos num vazio existencial muito grande. É para onde o ego tenta nos levar, pois, quando entramos nesse vazio, tentamos preenchê-lo com as coisas fúteis do mundo. Todavia, como essas coisas não lhe aplacam a fome, quanto mais a criatura busca o que é superficial e fútil, mais faminto o ego se torna.

Portanto, um dos enormes desafios para todos aqueles que iniciaram a jornada da autolibertação é superar a necessidade desvairada do *ego diabólico*, que nos sitia os pensamentos com falsas necessidades.

Na parábola, a sua forma de abordar é sutil e aparentemente correta, mas, se analisarmos com profundidade, verificaremos que o ego *diabólico* faz um perigoso convite para a quebra da Lei do Equilíbrio, ordenando uma transformação fantasiosa de *pedra* em *pão*.

Essa ordem do ego, representado na parábola pelo *diabo*, leva em conta nossas necessidades e solicita privilégios ao Senhor da Vida, como se as Leis Divinas devessem ser derrogadas para termos o de que necessitamos. Muitas vezes, agimos egoicamente assim, querendo privilégios de Deus, aceitando a proposta que nos sitia a mente.

Nossas necessidades materiais ou espirituais, contudo, só poderão ser sanadas em conformidade com as Leis Divinas, sem privilégios ou transformação fantasiosa e absurda.

Nesse sentido, Jesus redarguiu: *Não só de pão viverá o homem, mas de toda palavra que sai da boca de Deus.*

O que significa, simbolicamente, a *palavra que sai da boca de Deus*? O ser humano não vive enquanto está subjugado pelas sensações do mundo exterior, seja essa sensação resultado da vida física ou da cegueira espiritual. *A vida é mais do que o alimento,* afirmou o Mestre no Sermão do Monte. Isso significa toda a pujança de plenitude emocional, intelectual e espiritual que o Ser está fadado a fruir pela Lei Divina do Progresso.

Reconhecer-se vivo, portanto, é reconhecer a realidade divina que somos. Enquanto o ser humano não se permite sentir a presença de Deus em si mesmo nas horas de maior necessidade, continuará passando imensa fome de paz.

Então, o Diabo, levando-o a um lugar elevado, mostrou-lhe num relance todos os reinos do mundo. E disse-lhe: Dar-te-ei toda a autoridade e glória destes reinos, porque me foi entregue, e a dou a quem eu quiser; se tu, me adorares, será toda tua.

Respondeu-lhe Jesus: Vai-te, Satanás; porque está escrito: Ao Senhor teu Deus adorarás, e só a ele servirás.

Aqui, temos a segunda tentação egoica: **superficialidade**.

Estando o ego plenamente clarificado de que a grande necessidade não é de viver para atender às necessidades estreitas do corpo, mas de buscar o sentido existencial na presença de Deus, eis que surge uma segunda tentativa para dificultar a libertação plena e consciente do Ser Essencial.

Nesse trecho da parábola, fica ainda mais claro que ela não se refere a Jesus, que sabemos ser o governador do nosso orbe, já reinando no planeta inteiro, sem nenhuma necessidade dos reinos do mundo, como tão bem afirmou. Espírito nenhum teria condições de oferecer a Jesus o que fosse, e muito se enganam aqueles que assim pensam, ao interpretarem a parábola com uma passagem real.

A proposta egoica é oferecer todos os reinos da Terra, simbolizados pelas conquistas exteriores, tais como as do campo da vaidade, do poder, da fama, do destaque pessoal ou das posses materiais. Seu propósito é levar o indivíduo para a superficialidade.

Enquanto o primeiro estágio do ego argumenta em torno da carência, da privação, buscando influenciar em uma súplica desequilibrada, tentando o Ser Essencial para olvidar a Lei de Justiça, o segundo ataque do ego, do lado sombra, penetra todos os anseios do aprendiz, tudo quanto ele anela de prazer.

Nessa tentação, o ego deseja ser *adorado*, demonstrando a necessidade que tem de ser amado sem, no entanto, ter força espiritual para amar.

O *diabo* pede que Jesus o adore para que tudo lhe seja entregue. Essa necessidade de admiração e atenção egoicas demonstra o nível de competição que o ego trava com Deus, mas também revela o quanto esse seu estágio é imaturo.

Esse é o estado da criatura ainda subjugada pelas sensações que geram dependência. Psicologicamente infantil, exige ser amada para, só então, sentir-se pronta para dar algo em troca.

Vai-te, Satanás porque está escrito: Ao Senhor teu Deus adorarás, e só a ele servirás.

Este é um trecho equivocadamente interpretado pelas religiões como sendo uma expulsão que Jesus faz a *Satanás*, mas, na verdade, é um convite para que ele (ego) sirva aos propósitos do Ser Essencial (o divino em nós).

O ego, em realidade, é um subproduto da ausência da Luz Crística em nós. Ele não tem uma existência real, mas é a manifestação de uma ausência, a ausência do exercício do amor. A sua grande função é estar a serviço do Ser Essencial (o cristo interno), seguindo suas determinações e orientações que provêm da fonte cósmica e perfectível.

Então o levou a Jerusalém e o colocou sobre o pináculo do templo e lhe disse: Se tu és Filho de Deus, lança-te daqui abaixo; porque está escrito: Aos seus anjos ordenará a teu respeito, que te guardem; e: eles te susterão nas mãos, para que nunca tropeces em alguma pedra.

Respondeu-lhe Jesus: Dito está: Não tentarás o Senhor teu Deus.

Assim, tendo o Diabo acabado toda sorte de tentação, retirou--se dele até ocasião oportuna.

Aqui temos a terceira tentação egoica: **crença na infalibilidade**.

A terceira trama do ego é oferecer a ideia da infalibilidade e conduzir o aprendiz a se sentir sempre amparado pela proteção exagerada dos *anjos*. Trata-se de um sofisma que apresenta o amparo espiritual distorcido, colocando os *anjos* na condição de serviçais, e não de instrutores.

O ego, não conseguindo levar a consciência a adorá-lo na carência nem na superficialidade, tenta dar uma importância exagerada à própria relação que o Ser Essencial tem com a sua busca espiritual.

Quando o *diabo* (ego) se refere ao que está escrito – *aos seus anjos ordenará a teu respeito, que te guardem; e: eles te susterão nas mãos, para que nunca tropeces em alguma pedra* –, tenta sutilmente influenciar o aprendiz a acreditar na sua infalibilidade, que é um atributo dos Espíritos Puros, conectados com Deus.

Jesus responde: *Não tentarás o Senhor teu Deus.* Dizendo isso, coloca luz sobre grande questão até hoje mal compreendida. O termo Deus não se refere a Jesus, como comumente interpretam as religiões, mas às Leis Divinas que o ego insiste em burlar, considerando-se capaz de ser tão poderoso e amado quanto Deus.

Considerando a ilusão em que vivem aqueles que ainda estão subjugados pelos sentimentos de pseudo-onipotência e prepotência, tentando competir com Deus, o *não tentarás* pode ser considerado como uma proposta: *Não competirás com o Senhor teu Deus.*

Em todas as situações, o ego tenta impulsionar o *Ser* para o *parecer*, mas Jesus demonstra o poder real do *Ser,* que é o de *Amar a Deus sobre todas as coisas*, ou seja, o poder que realmente temos acontece pelo amor sincero que sentimos pelas Leis Perfeitas de Deus. Quando nos sintonizamos com elas, demonstramos a intensidade do amor que temos por Ele.

Quem ama as Leis Divinas está exercitando a verdadeira jornada espiritual, pois não se ilude com outra forma de se iluminar. Reconhece a necessidade do esforço, da humildade, do devotamento, da caridade e do amor real para consigo mesmo e, consequentemente, para com o próximo.

Investigar, portanto, no *deserto* de nós mesmos, as propostas egoicas que nos induzem a acreditar que somos maiores que as Leis de Deus é medida urgente e saudável para que, após todas as tentativas do ego, ao ver nossa real humildade e discernimento espiritual, possamos *ausentar-nos por algum tempo*, retornando em *ocasião oportuna*, ou seja, quando estivermos invigilantes e suscetíveis à tentação. Quando, contudo, a plenitude estiver instalada definitivamente em nós, poderemos dizer como Jesus: *Pai, em tuas mãos entrego minha alma.*

2

parábola
DA COMUNHÃO ESSENCIAL

✖

Neste capítulo, estudaremos uma das parábolas mais profundas do Evangelho. Trata-se de uma parábola diferente das outras porque é uma **parábola vivenciada**, acontecida na ceia de Páscoa, que o Mestre faz com os Seus discípulos, na qual Jesus, utilizando-se de gestos, de uma linguagem simbólica, profere ensinos muito profundos, com lições aplicáveis para todos que queiram desenvolver uma comunhão plena com Ele. Ela, entretanto, foi transformada em um ritual, superficializando as orientações do Mestre.

Veremos pela exegese oferecida pelo mentor Honório, psicografada pelo médium Afro Stefanini II, que essa foi um das interações mais profundas que Jesus teve com Seus discípulos, um pouco antes da Sua crucificação, na chamada última ceia, que acontece antes da cerimônia do lava-pés.

A **Parábola da Comunhão Essencial** foi relatada por Lucas, capítulo 22, versículos 14 a 20. Acrescentamos o versículo 1 para contextualizar a parábola.

Estava, pois, perto a Festa dos Pães ázimos, chamada de Páscoa.

E, chegada a hora, pôs-se à mesa, e, com ele, os doze apóstolos.

E disse-lhes: Desejei muito comer convosco esta Páscoa, antes que padeça, porque vos digo que não a comerei mais até que ela se cumpra no Reino de Deus.

E, tomando o cálice e havendo dado graças, disse: Tomai-o e reparti-o entre vós, porque vos digo que já não beberei do fruto da vide, até que venha o Reino de Deus.

E, tomando o pão e havendo dado graças, partiu-o e deu-lho, dizendo: Isto é o meu corpo, que por vós é dado; fazei isso em memória de mim.

Semelhantemente, tomou o cálice, depois da ceia, dizendo: Este cálice é o Novo Testamento no meu sangue, que é derramado por vós.

Faremos, a seguir, a exegese, versículo a versículo. Colocaremos os textos do Mentor entre aspas, seguidos de comentários nossos sem aspas.

Estava, pois, perto a Festa dos Pães ázimos, chamada de Páscoa.

E, chegada a hora, pôs-se à mesa, e, com ele, os doze apóstolos. E disse-lhes: Desejei muito comer convosco esta Páscoa, antes que padeça.

"Os laços que, em essência, unem o Ser humano com Jesus são de intensa ligação espiritual, imperecíveis pela eternidade e da mais expressiva autenticidade e união. O Mestre, é nosso Guia e Modelo, e, por isso mesmo, junto com Ele, trilharemos todas as etapas até a angelitude.

"A Sua presença na Terra entre os homens, na condição em que nos encontrávamos, constitui um daqueles momentos significativos por se tratar de um episódio cósmico de raro acontecimento na Terra.

"Nunca antes e nem depois um Espírito de tamanha envergadura moral esteve tão próximo do âmago de nossa Humanidade com tamanha intensidade de ação direta entre os homens e mulheres na Terra de provas e expiações.

"Constituía-se, aquele instante, para o Mestre um momento solene de instrução atemporal e seus significados verbais simbólicos alcançavam o ápice glorioso das figuras de linguagem, empregando nas palavras toda a plenitude possível para o entendimento de nosso raciocínio humano, com vistas a nos estimular à autotransformação no processo da evolução ininterrupta.

"A Páscoa, nesta passagem, constituía, à época, a lembrança da libertação do povo hebreu do cativeiro egípcio. Jesus emprega o termo de forma simbólica, na qual fez o símbolo integral da comunhão com as Leis Divinas, em evidente analogia com a libertação das paixões do cativeiro dos vícios seculares.

"Os termos empregados *comer convosco* têm relação com a proximidade do Mestre em consolar e orientar os corações na comunhão da finalidade essencial do propósito de toda a criatura, que é de evoluir se aproximando de Deus.

"*Comer convosco* é a vontade do Mestre em compartilhar cada vitória evolutiva dos tutelados na Terra, estimulando a *páscoa* de intensa comunhão com as Leis Divinas."

O objetivo principal da vinda de Jesus à Terra foi para nos ensinar, a partir do Seu exemplo, a cumprirmos as Leis Divinas, praticando as virtudes cristãs em nosso dia a dia, libertando-nos das paixões egoicas que ainda trazemos.

O ato de *comer a páscoa*, para o espírita cristão, simboliza o convite à *intensa comunhão com as Leis Divinas* que Jesus nos ensinou, para nos libertar do *cativeiro das viciações* egoicas.

... porque vos digo que não a comerei mais até que ela se cumpra no Reino de Deus.

"Neste versículo, o Mestre afirma que não comerá a Páscoa até que *ela se cumpra no Reino de Deus*. À primeira vista, as Suas palavras parecem uma sentença inclemente e distanciadora para aqueles de nós que pretendemos sentir o Mestre de amor sempre próximo ao nosso coração. A simbologia cobre o significado natural desse versículo, mas a clareza dos postulados imortais das Leis Divinas vem descortinar as brumas da alegoria.

"Toda comunhão com os planos elevados da vida inicia-se com a presença das forças superiores, estimulando as mentalidades refratárias ou insipientes a buscarem o sentido essencial da vida. A primeira Páscoa referida por Jesus era a presença-estímulo de Sua sublime amorosidade, elevando o ser para sentir o *vir-a-ser,* já intrínsecos nos painéis de suas próprias consciências.

"Quando o Mestre faz a referência que a Páscoa só poderia ser celebrada no *Reino de Deus,* utiliza a simbologia do *Reino* para enfatizar que somente quando a alma estiver plenamente quitada com a consciência, superados todos os entraves em que a ignorância e a rebeldia costumam prender os Seres nas atitudes infelizes e nos estágios de consciência inferior, é que a plena comunhão com as Leis Divinas se fará na intensa páscoa da conquista-êxito final.

"O *cumprir no Reino de Deus* tem a ver com o cumprir o propósito espiritual integral, que é alcançar o estado da plena felicidade. No primeiro momento, o Cristo manifesto comungava a páscoa da busca, ou seja, a ligação de Jesus naquele instante com os Seus seguidores e discípulos mais próximos é o do Cristo manifesto, Ele próprio, chamando para o despertar do Cristo interno, afirmando que uma comunhão mais sublime do que a daquele instante ocorrerá somente quando o Cristo interno passar pela superação das limitações do ego, conectado em grau de sintonia e identificação com o Cristo manifesto.

"Eis porque Jesus afirma que somente no *Reino de Deus* ocorrerá novamente como naquela hora a profunda Páscoa, simbologia da conexão com as Leis Divinas."

Todos nós somos convidados pelas Leis Divinas, por meio da força endoevolutiva, ou seja, a força que nos impulsiona à evolução, a nos conectarmos com a força autoevolutiva, isto é, a força da vontade de autotransformação, de modo a fazer com que o Cristo, que trazemos ínsito em nós, transforme-se gradualmente em um Cristo manifesto, como já o é Jesus. Isso somente é possível pela conexão com as Leis Divinas, exercitando as virtudes cristãs em nossos corações.

Como ensina Honório, no dia da *conquista-êxito final*, o momento em que de Espírito superior se torna Crístico, puro, nós *comeremos a páscoa* com Jesus, ou seja, estaremos irmanados com Ele para sempre, em uma aliança imperecível.

E, tomando o cálice e havendo dado graças, disse: Tomai-o e reparti-o entre vós.

"Na sabedoria inalcançável daquele instante cósmico para as interpretações presentes, o Mestre Jesus soube utilizar-se dos símbolos da vida cotidiana e dos objetos significativos para fixar nos painéis do inconsciente coletivo as altas lições que os séculos se encarregariam de desvelar pouco a pouco, conforme a maturidade do senso moral da coletividade.

"Hoje, vivemos os tempos das convergências de informações e ciências, constituindo-se em magna era da razão e da fé construídas na visão extensa das obras de Deus que perpassa pelas de caráter físico e moral. Era necessário que os ensinos-luz fossem guardados no interior dos corações de tal forma que nem mesmo a deturpação dos homens egoístas dos séculos porvindouros à vinda de Jesus conseguisse diminuir a supremacia de Sua mensagem.

"Naquela hora da ceia, o *cálice* se transformou, na explanação de Jesus, como o mais adequado **símbolo da consciência**, onde estão escritas as Leis de Deus.

"Quando Jesus pega o *cálice* e, segundo o versículo, *dá as graças*, não estava o Mestre realizando um gesto simplório ou um ritual sem sentido. O dar *as graças* naquele instante significou a elucidação daquele símbolo nos corações dos discípulos.

"Jesus, em Sua celeste habilidade de elucidar os corações insipientes, colocava de tal forma Seus ensinos à disposição da alma, que aqueles que não conseguiam compreender, devido à limitação própria, o magnetismo de Jesus passavam a compreender vivamente os ensinos do Mestre.

"Quando o Mestre Jesus convida a todos para tomar o líquido da taça e repartir entre os membros, oferece nova lição de justiça, amor e caridade.

"O símbolo do *vinho* é consagrado naquela hora como significado da **autotransformação**, que somente no *cálice* da **consciência** pode ser celebrada na "páscoa" das Leis Divinas dentro de cada filho de Deus.

"Esse conjunto de significado, explicado pela óptica consciencial, oferece compreensão da passagem anterior na qual o Mestre disse que somente no Reino de Deus poderia haver nova "páscoa" em Sua presença.

"Falava o Mestre sobre a jornada que todo Espírito deve empreender para que possa manifestar o Cristo interno."

As palavras que Jesus utilizava, bem como os Seus atos e os objetos que utilizava como símbolos, tinham um significado muito profundo e não o simples objetivo de criar significado apenas para aquele momento em que foram proferidas, realizados ou utilizados. Por isso, o Mestre afirma em Mateus, 24:35: *O céu e a terra passarão, mas as minhas palavras não hão de passar.*

Como diz o Mentor Honório, o Seu objetivo sempre era o de *fixar nos painéis do inconsciente coletivo as altas lições que os séculos se encarregariam de desvelar pouco a pouco, conforme a maturidade do senso moral da coletividade.*

Por isso é que Jesus utilizava símbolos. Os símbolos ficariam para sempre conosco, dentro das nossas mentes. Mesmo que não conseguíssemos decodificá-los num primeiro momento, com o passar do tempo, nós evoluiríamos intelecto-moralmente, especialmente nas ciências que tratam dos símbolos, a fim de sermos capazes de decodificá-los gradualmente.

É para fazer o seu papel como Consolador prometido por Jesus que o Espiritismo se associa à Ciência para fomentar a transformação moral da sociedade terrestre, conforme exarado em *O Evangelho Segundo o Espiritismo*, capítulo I, item 8: "Aliança da Ciência e da Religião".

A Ciência e a Religião são as duas alavancas da inteligência humana: uma revela as leis do mundo material e a outra as do mundo moral. *Tendo, no entanto, essas leis o mesmo princípio, que é Deus*, não podem contradizer-se. Se fossem a negação uma da outra, uma necessariamente estaria em erro e a outra com a verdade, porquanto Deus não pode pretender a destruição de sua própria obra. A incompatibilidade que se julgou existir entre essas duas ordens de ideias provém apenas de uma observação defeituosa e de excesso de exclusivismo, de um lado e de outro. Daí um conflito que deu origem à incredulidade e à intolerância.

São chegados os tempos em que os ensinamentos do Cristo têm de ser completados; em que o véu intencionalmente lançado sobre algumas partes desse ensino tem de ser levantado; em que a Ciência, deixando de ser exclusivamente materialista, tem de levar em conta o elemento espiritual e em que a Religião, deixando de ignorar as leis orgânicas e imutáveis da matéria, como duas forças que são, apoiando-se uma na outra e marchando combinadas, se prestarão mútuo concurso. Então, não mais desmentida pela Ciência, a Religião adquirirá inabalável poder, porque estará de acordo com a razão, já se lhe não podendo mais opor a irresistível lógica dos fatos.

A Ciência e a Religião não puderam, até hoje, entender-se, porque, encarando cada uma as coisas do seu ponto de vista exclusivo, reciprocamente se repeliam. Faltava com que encher o vazio que as separava, um traço de união que as aproximasse. Esse traço de união está no conhecimento das leis que regem o Universo espiritual e suas relações com o mundo corpóreo, leis tão imutáveis quanto as que regem o movimento dos astros e a existência dos seres. Uma vez comprovadas pela experiência essas relações, nova luz se fez: a fé dirigiu-se à razão; esta nada encontrou de ilógico na fé: vencido foi o materialismo. Mas, nisso, como em tudo, há pessoas que ficam atrás, até serem arrastadas pelo movimento geral, que as esmaga, se tentam resistir-lhe, em vez de o acompanharem. E toda uma revolução que neste momento se opera e trabalha os Espíritos. Após uma elaboração que durou mais de dezoito séculos, chega ela à sua plena realização e vai marcar uma nova era na vida da Humanidade. Fáceis são de prever as consequências: acarretará para as relações sociais inevitáveis modificações, às quais ninguém terá força para se opor, porque elas estão nos desígnios de Deus e derivam da lei do progresso, que é lei de Deus. (grifos nossos)

Porque vos digo que já não beberei do fruto da vide, até que venha o Reino de Deus.

"Aqui, neste versículo, existe, como no anterior, uma condição irrevogável. Empregando a simbologia da autotransformação no vinho, quis o Mestre deixar evidente que a presença do Espírito crístico entre os homens não é um episódio histórico. Trata-se de uma circunstância de proporção cósmica, evento único na Terra, que deve servir de estímulo ininterrupto a todos os filhos da Humanidade para que saibam e sintam a sua destinação final.

"Jesus oferece as portas abertas de nossa destinação cósmica, afirmando que é pela autotransformação, seguindo as Leis presentes na consciência, estreitando os laços que nos unem a Deus, entrando em comunhão cada vez mais próxima com o Cristo manifesto, que estimularemos a manifestação do Cristo interno."

O vinho, extraído do fruto da vide, é o símbolo da autotransformação, gerada pela busca do Reino de Deus, conforme a Sua orientação em Mateus, 6:33: *Mas buscai primeiro o reino de Deus, e a sua justiça, e todas estas coisas vos serão acrescentadas.*

Jesus nos convida, portanto, a um caminho de autotransformação que vai fazer com que as lições do Cristo Manifesto – Ele próprio – tornem-se vívidas para o Cristo aprendiz que somos nós.

E, tomando o pão, e havendo dado graças, partiu-o, e deu-lho, dizendo: Isto é o meu corpo, que por vós é dado; fazei isto em memória de mim.

"Para a consagração da manifestação plena do Cristo interno na alma humana, desvelando potenciais inimagináveis no comportamento, é preciso que o *cálice* da consciência e o *vinho* da autotransformação recebam o alimento que se constitui no propósito da vontade.

"O *pão* é o símbolo da vontade comungada com o **propósito divino**. O *corpo* do propósito de Deus para os Seus filhos passa pela vontade de evoluir. Sem a mínima manifestação da vontade de segui-lo não pode ser repartido com as demais pessoas na vida de relação.

"Quando o Mestre solicita a todos os discípulos que provem do *pão*, afirmando que o mesmo é o *Seu corpo*, elucidava que a vontade é a terceira força que guia os Espíritos para a senda da angelização.

"O *pão* é a vontade e o *corpo* é o propósito divino para com as criaturas. Nosso maior dever evolutivo é seguir esse propósito, porém sem o exercício da habilidade de desenvolvermos todo potencial da vontade, não será possível segui-lo.

"O propósito divino na figura do corpo é possível de ser repartido por meio dos esclarecimentos e do conhecimento da Verdade, mas cada alma deverá comer o próprio *pão*, que simboliza a vontade.

"Não é possível transferirmos a vontade que cultivamos na alma, mas é possível esclarecer os homens quanto ao propósito de Deus para com Seus filhos. Essa foi a principal simbologia da ceia, simples, porém magnífica, de ensinamentos conduzida por Jesus."

Deus nos dotou da força endoevolutiva, que provém das Leis Divinas ínsitas em nossa consciência, especialmente da Lei do Progresso. Mas, juntamente com essa força, somos convida-

Parábolas Terapêuticas

dos a exercitar a força autoevolutiva, ou seja, associar à Força da Vontade Divina, o propósito de Deus para nós, a nossa força de vontade, simbolizada pelo *corpo* e pelo *pão* nessa passagem.

Como ensina Honório, o *corpo* é o propósito de Deus para os Seus filhos, isto é, que manifestemos o Cristo interno, por meio do cumprimento das Leis Divinas, pelo exercício das virtudes cristãs. Contudo, a energia que provém de Deus é sempre convidativa e pede de nós o *pão* da vontade de evoluir, a fim de manifestar o Cristo interno para sermos felizes.

Somente após a profunda conexão com o *corpo do Cristo*, o propósito de Deus, por meio do alimento do Espírito, o *pão* da vontade, é que poderemos realizar o convite do Cristo, e repartir o *pão* com outras pessoas *em memória* d'Ele, ou seja, auxiliar outras pessoas a se conectarem com a sua própria vontade de manifestar o Cristo interno e serem felizes.

Semelhantemente, tomou o cálice, depois da ceia, dizendo: Este cálice é o Novo Testamento no meu sangue, que é derramado por vós.

"Encontramos neste versículo a conclusão sublime dos vários símbolos ofertados pelo Mestre: o *cálice*, o *vinho*, o *pão*, o *corpo* e o *sangue*, conforme vemos na Figura 1.

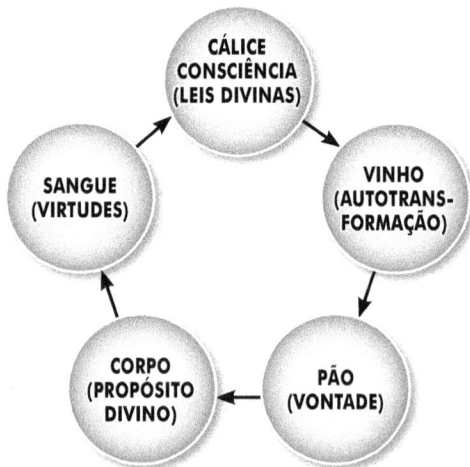

Figura 1 – Símbolos da parábola da última ceia

"Assim como o *pão* da vontade necessita se conectar com o *corpo* do propósito divino para com a criatura, o cálice da consciência contém o *Novo Testamento*, que, nessa passagem, deixa ainda mais evidente a presença das Leis Divinas na consciência.

"O Mestre amplia para o símbolo do *sangue*, que neste caso significa a simbologia da finalidade de seguir as Leis Divinas presentes no Ser, ou seja, o desenvolvimento das virtudes.

"Quando compreendemos a Lei de Amor, Justiça e Caridade na tríade unificada da Lei Maior, compreendemos que as 'virtudes derramadas' são as manifestações da consciência plenamente conectada com a vontade de Deus e Seu divino propósito para os Seus filhos.

"O Ser Espiritual só consegue manifestar a presença de Deus por meio das virtudes porque se constitui na manifestação das próprias Leis Morais. Se não houvesse os astros nas galáxias, o homem não conheceria as Leis de gravitação, rotação e translação. Se não houvesse a água na Terra, o homem não conheceria a união química das moléculas de hidrogênio com a de oxigênio. Se não houvesse o desenvolvimento das virtudes no Espírito imortal, o Universo não conheceria a glória da presença moral de Deus, mesmo a Sua presença estando ao alcance de todas as Suas obras.

"Em qualquer manifestação das obras de Deus, sempre poderemos apreciá-Lo por meio dos efeitos que nossos sentidos conseguem captar. A passagem de Lucas resume todo significado do Espírito imortal na jornada evolutiva, contida na simbologia sublime dessa parábola não historiada, mas vivenciada. Coube aos que presenciaram o momento inigualável a tarefa de registrar para posteridade a ceia simbólica da autoiluminação."

Honório

Nesta parábola vivenciada, Jesus faz uma síntese do propósito maior pelo qual Ele encarnou entre nós. Veio nos trazer o Novo Testamento, ou seja, nos ensinar as Leis Divinas, movimentando-as ao Seu cônscio-dever, mas, sobretudo, vivencian-do-as, por meio das sublimes virtudes que *derramou* sobre nós.

O Mestre legou-nos, com os sacrifícios do Seu amor subli-me, o Novo Testamento, as Leis Divinas como parâmetros bem definidos a nortear as nossas vidas. Somos convidados definiti-vamente a nos tornarmos os Seus aprendizes, de modo a que o Seu sacrifício seja bendito em nossos corações.

Somente utilizando das três forças do Espírito – pensamen-to, sentimento e vontade – em plena sintonia com o Cristo ma-nifesto é que poderemos cumprir as Leis, tomando no *cálice* das nossas consciências o *vinho* da autotransformação. Isso somente é possível comendo o *pão*, acessando a força autoevolutiva, por meio da vontade resoluta e firme de conectar com o *corpo* do propósito divino para cada um de nós, de *tomarmos o sangue do Cristo*, ou seja, praticarmos no limite de nossas forças as virtudes cristãs, de modo a manifestarmos o Cristo interno em toda a sua pujança, para comungar com Jesus, o nosso Cristo-Mestre para sempre, de modo a que sejamos também, por nossa vez, *um com o Pai*, reconhecendo *a glória da presença moral de Deus.*

3

parábola
DO EQUILÍBRIO EXISTENCIAL

✖

Estudaremos, a seguir, outra parábola vivenciada do Evangelho. Trata-se de uma das passagens mais profundas e simbólicas do Evangelho de Jesus – a cerimônia do lava-pés –, que foi transformada num ritual devido à incompreensão do significado psicológico transpessoal-consciencial que ela traz.

Trata-se de um fato histórico acontecido após a última ceia que Jesus realizou junto aos Seus discípulos, estudada no capítulo anterior.

Nessa parábola vivenciada, semelhante à da última ceia, Jesus nos oferece uma série de ensinamentos simbólicos muito significativos, vivenciando Ele mesmo a simbologia.

A cerimônia do lava-pés era comum na região. Normalmente, era feita pelos escravos ou, na falta deles, por alguma das pessoas menos graduadas, mas nunca pelo anfitrião, como aconteceu com Jesus. Um discípulo, por exemplo, poderia lavar os pés de seu Mestre, porém nunca o contrário.

Jesus, no entanto, veio para ensinar e exemplificar as virtudes essenciais da vida, como o amor, a mansidão e a humildade. Contudo, nas passagens históricas em que Ele realizou algum ato material, não fazia apenas a exemplificação das virtudes, mas havia uma simbologia por trás de todos os Seus atos, sempre com um propósito muito bem definido.

Para que possamos entender esse propósito, é preciso mergulhar na essência do ato, buscando o seu significado.

Nessa parábola, aparentemente, Jesus lava os pés dos discípulos como se fosse um ato simples de um líder servidor, demonstrando humildade. Podemos interpretá-la dessa forma?

Sim, podemos, mas essa é a interpretação mais superficial. Veremos que o significado vai muito além disso. Cada ato de Jesus tem um sentido simbólico muito mais profundo, para nos ensinar algo na eternidade do tempo.

Jesus, como um **Ser Crístico**, vivia em um estado de superconsciência e, por isso, não agiu e proferiu ensinamentos apenas para uma época, mas para toda a eternidade, conforme já estudamos. Quanto mais evoluída for a Humanidade, mais entenderá o significado dos atos e dos ensinos repletos de sentido do Mestre.

Quando entramos com a interpretação psicológica transpessoal- consciencial dessa parábola, vemos que ela diz respeito a todos nós, especialmente no que toca à busca do equilíbrio existencial.

A parábola está registrada no Evangelho de João, capítulo 13, versículos 3 a 17:

> Jesus, sabendo que o Pai tinha depositado nas suas mãos todas as coisas, e que havia saído de Deus e ia para Deus.
>
> Levantou-se então da mesa, tirou o manto, tomou uma toalha e amarrou-a na cintura.
>
> Depois deitou água numa bacia, e começou a lavar os pés aos discípulos, e a enxugar-lhos com a toalha com que estava cingido.
>
> Aproximou-se, pois, de Simão Pedro, que lhe disse: Senhor, tu lavas-me os pés a mim?
>
> Respondeu Jesus, e disse-lhe: O que eu faço não o sabes tu agora, mas tu o saberás depois.
>
> Disse-lhe Pedro: Nunca me lavarás os pés. Respondeu-lhe Jesus: Se eu te não lavar, não tens parte comigo.
>
> Disse-lhe Simão Pedro: Senhor, não só os meus pés, mas também as mãos e a cabeça.

Disse-lhe Jesus: Aquele que está lavado não necessita de lavar senão os pés, pois no mais todo está limpo. Ora vós estais limpos, mas não todos.

Porque bem sabia ele quem o havia de trair; por isso disse: Nem todos estais limpos.

Depois que lhes lavou os pés, vestiu o manto, pôs-se de novo à mesa e perguntou-lhes: Sabeis o que vos fiz?

Vós me chamais Mestre e Senhor, e dizeis bem, porque eu o sou.

Ora, se eu, Senhor e Mestre, vos lavei os pés, vós deveis também lavar os pés uns aos outros.

Porque eu vos dei o exemplo, para que, como eu vos fiz, façais vós também.

Na verdade, na verdade vos digo que não é o servo maior do que o seu senhor, nem o mensageiro maior do que aquele que o enviou.

Se compreenderdes isto e o praticardes, sereis felizes.

Faremos um estudo da parábola com base na exegese oferecida pelo Mentor Honório, por meio do médium Afro Stefanini II, cujos textos colocamos entre aspas, seguidos de comentários de nossa autoria sem aspas.

Estudemos cada versículo:

Jesus, sabendo que o Pai tinha depositado nas suas mãos todas as coisas, e que havia saído de Deus e ia para Deus.

"A onisciência relativa de Jesus abarcava todas as etapas evolutivas que Ele já havia superado ao longo da jornada até o reino celeste em que habita.

"Face ao estado de pureza espiritual, Jesus tem a incumbência de administrar não apenas o planeta Terra, mas também de movimentar as Leis físicas e morais de nosso globo, organizando a evolução coletiva dos Espíritos que habitam o nosso planeta.

"Eis, portanto, o entendimento claro da passagem que elucida quanto ao fato do Pai 'lhe ter colocado todas as coisas nas mãos.' Trata-se da responsabilidade cósmica de guiar os Espíritos que habitam a Terra, mobilizar todas as leis físicas do orbe ao Seu cônscio-dever e iluminar os rumos morais e intelectuais do planeta.

"A onisciência relativa do Cristo é também retratada nessa passagem por revelar que o Mestre, sabendo que fomos criados simples e ignorantes rumo à angelitude, ensinou esta verdade ao evangelista João, que, ao retratar o ensinamento neste capítulo, aborda uma das sublimes características do Mestre, que é de saber o caminho evolutivo e cósmico pelo qual percorreu como Espírito imortal até a perfeição relativa, ou seja, a pureza espiritual. O termo 'sabia que havia saído de Deus e ia para Deus' revela esta sapiência magna da destinação do princípio inteligente que começa pelo átomo primitivo e evolui até ao Arcanjo."

O Ser Espiritual estagia durante muito tempo na consciência de sono, após séculos e séculos nos quais passa por muitas reencarnações sem ter consciência de si, vivendo na horizontal da vida, até que acontece o seu **despertar consciencial**.

O momento do despertar é aquele em que ele toma contato de forma consciente com as Leis Divinas que, embora não desse conta, sempre estiveram presentes em sua consciência. Nesse momento, o Ser Espiritual alcança o nível de consciência para evoluir na vertical da vida e se torna um **Ser Consciencial**.

Contudo, a evolução prossegue, e, a partir de muito esforço continuado, paciente, perseverante e disciplinado, o Espírito vai ampliando a sua consciência das Leis Divinas, buscando amá--las, respeitá-las e vivenciá-las, exercitando plenamente a sua condição de Ser Consciencial. Com o passar das várias reencarnações, nessa busca do Reino de Deus, construindo o seu equilíbrio existencial, o Ser alcança o grau dos Espíritos superiores, conquistando esse equilíbrio, chegando a amar e praticar as

Leis Divinas presentes em sua consciência de forma autônoma, tendo adquirido pleno domínio sobre si mesmo. Nesse estágio, ainda existe o ego, ou seja, a ignorância, porquanto o Espírito ainda não alcançou o estágio de pureza completa.

Porém, a evolução continua, e o Espírito, vivenciando de maneira autônoma as Leis Divinas presentes em sua consciência, vai realizando esforços cada vez mais intensos para vivê-las consciencialmente, até que se torna um **Ser Crístico.**

O Ser Crístico é o Ser criado simples e ignorante como todos os filhos de Deus, que se purificou e não tem mais ego. Jesus é o único Ser Crístico que conhecemos na Terra, conforme ensina a questão 625 de *O Livro dos Espíritos*, é o caminho para a Verdade e para a Vida que nos leva a Deus.

Um Ser Crístico vive em uma superconsciência, pois se torna, em escala relativa, o que o Criador é em nível absoluto, ou seja, é onipresente, onisciente e onipotente de forma relativa diante da Humanidade que lhe cumpre guiar, cumprindo o Seu cônscio-dever de movimentar as Leis em benefício da Humanidade que Ele tem o dever de guiar e servir de Modelo.

Um Ser Crístico sabe que *saiu de Deus e irá retornar para Deus*. Na questão 11, de *O Livro dos Espíritos*, Allan Kardec aborda o tema quando pergunta: *Será dado um dia ao homem compreender o mistério da Divindade?* "Quando não mais tiver o espírito obscurecido pela matéria. Quando, pela sua perfeição, se houver aproximado de Deus, ele o verá e compreenderá."

Levantou-se então da mesa, tirou o manto, tomou uma toalha e amarrou-a na cintura.

"Neste versículo, há vários símbolos importantes: *levantar-se da mesa, tirar o manto, tomar a toalha e amarrar na cintura.* Estudemos o significado de cada um deles:

"**Levantar-se da mesa** – simboliza o Ser Crístico que vem até as necessidades humanas;

"**Tirar o manto** – simboliza o Ser Crístico fazendo-se momentaneamente humano, vindo ao encontro de encarnados e desencarnados da Terra para ensinar as Leis Divinas;

"**Tomar a toalha e amarrar na cintura** – simboliza o processo de humanização para alcançar a perfeição, pois a auto-transformação acontece pela sublimação dos instintos egoicos, simbolizados pela cintura, até a transcendência desses instintos pela prática das virtudes cristãs.

"Este episódio, relatado pelo evangelista, é real e constitui-se em um fato histórico ocorrido entre Jesus e os doze discípulos. O significativo, porém, é observarmos o quanto de simbolismo nos traz a passagem em cada palavra, versículo a versículo. Sendo Jesus o Modelo e Guia de todos os seres da Terra, tudo que Ele fazia estava repleto de significado profundo e valioso ensinamento.

"No ato de retirar-se da mesa, encontramos a simbologia do Ser Crístico que saindo dos páramos celestiais veio até as aflições e angústias humanas, dignando-se a estar em nossa companhia para o grande encontro terapêutico cósmico.

"O ato de tirar o manto simboliza o estado de sublime transfiguração, no qual o Cristo, fazendo-se temporariamente humano, para que, com sua angelitude, pudesse demonstrar aos encarnados e desencarnados da Terra o potencial divino que habita em cada um de nós.

"O Cristo coloca a toalha da roupagem física e se faz Luz do mundo tecendo as inapagáveis lições de amor nos tecidos humanos da coletividade. Nessa singela passagem, fica patente o grande propósito existencial da vinda de Jesus à Terra, em Sua trajetória como Mestre cósmico vindo ao nosso encontro."

Amarrar a toalha na cintura é o símbolo da proximidade do Mestre com a Humanidade inteira. A cintura é a representação da jornada evolutiva humana, que leva o Ser, com sua característica de sombra e luz, a estar na fase intermediária do instinto para a plena luz, o estado angelical.

Jesus amarra a toalha na cintura como símbolo do processo de humanização para alcançar a perfeição, pois da cintura até o topo da cabeça o caminho é a autotransformação. Quando o profeta João (o Batista) batiza Jesus, colocando a água no topo de sua cabeça, concomitantemente surgindo a pomba que simboliza a presença profunda de Deus ou da autoiluminação, temos melhores subsídios para compreender o símbolo da toalha na cintura.

Como o próprio Mestre ensina, Ele é o caminho para a Verdade e para a Vida. O versículo simboliza, portanto, toda a trajetória de Jesus, fazendo-se momentaneamente humano para nos ensinar o caminho para sublimação dos instintos, a fim de que nos tornemos Seres Conscienciais, evoluindo na vertical da vida.

A cintura é a representação da jornada evolutiva humana, na qual o Ser, que traz ínsita em si a Luz Essencial, mas que originariamente traz também o lado sombra, a face evidente e mascarada do ego, que o mantém focado, inicialmente, nos instintos – comer, dormir, fazer sexo, divertir-se, num processo de evolução horizontal, apenas –, sem pensar nas questões transcendentes da vida, mas que um dia despertará e terá como referência o Ser Crístico, Jesus, o nosso Modelo e Guia, capaz de nos conduzir dessa fase intermediária do instinto para a plena luz, o estado angelical.

Depois deitou água numa bacia, e começou a lavar os pés aos discípulos, e a enxugar-lhos com a toalha com que estava cingido.

"A mesma água que na simbologia do batismo havia revelado a pomba da sublimação agora estava colocada na bacia e servia para lavar os pés dos discípulos.

"Agora, o Mestre já não estava mais ensinando com as palavras, mas todo o Ser estava falando por meio das humildes águas da sabedoria e da ação.

"A mais simbólica de todas as passagens guarda importantes ensinamentos. Os pés são o sustento do corpo, assim como as raízes são o sustento de uma árvore. Para alcançarmos o estado de sublimação, considerando o corpo como uma grande jornada, vamos encontrar os pés como sustento de todo o propósito existencial dos discípulos, pois ali também está a simbologia dos instintos que são as energias primárias mais ligadas à Terra, ao material, ao chão da existência física.

"Jesus ao lavar os pés dos discípulos está ensinando a profunda purificação dos instintos que proporciona o sustento de todo o corpo, ou seja, do propósito existencial.

"Em muitos momentos, Jesus buscou simbolizar em si mesmo elementos simples do cotidiano, por exemplo, classificando-se como pão da vida, luz do mundo e aos seus discípulos mais diretos afirmou serem o sal da Terra.

"No momento em que o Mestre lava os pés dos discípulos, Ele se transforma todo em uma simbologia e o corpo dos discípulos em uma superior mensagem. A purificação dos instintos só é possível se for enxugada com a toalha da humanização, cingida na *cintura* de nossa condição humana."

Novamente encontramos símbolos singulares. Temos de forma significativa a atitude de humildade de Jesus como um Líder que serve, que lava os pés dos discípulos, porque Ele veio para servir e não para ser servido, como ensinou em várias ocasiões durante o Seu apostolado.

Nesta passagem, o Mestre já não estava mais ensinando com as palavras. Agora, o **Ser Crístico** estava falando por meio da profunda ação, num ato de sabedoria.

Qual o símbolo que está afeto a esse gesto de lavar os pés dos discípulos? Os pés são o sustento do corpo, simbolizando o Espírito reencarnado. A reencarnação é fundamental para a evolução do Espírito, pois é quando reencarnados que somos convidados a cumprir o nosso propósito existencial.

Quando está reencarnado, cada Espírito tem um propósito existencial específico, mas que em linhas gerais é o de sublimar os instintos primários, o que é representado nessa passagem pela lavagem dos pés, símbolo da autotransformação, no processo de autoiluminação.

O significado de enxugar com a toalha tem a ver com a purificação dos instintos. Essa purificação somente será possível se for enxugada com a *"toalha"* da humanização, cingida na *"cintura"* de nossa condição humana, rumando para a sublimação e desenvolvimento da pureza espiritual até a angelitude.

É o que nos ensina o Espírito Lázaro na mensagem "A lei de amor", inserida no capítulo XI, item 8, de *O Evangelho Segundo o Espiritismo*:

A lei de amor

O amor resume a doutrina de Jesus toda inteira, visto que esse é o sentimento por excelência, e os sentimentos são os instintos elevados à altura do progresso feito. Em sua origem, o homem só tem instintos; quando mais avançado e corrompido, só tem sensações; quando instruído e depurado, tem sentimentos. E o ponto delicado do sentimento é o amor, não o amor no sentido vulgar do termo, mas esse sol interior que condensa e reúne em seu ardente foco todas as aspirações e todas as revelações sobre-humanas. A lei de amor substitui a personalidade pela fusão dos seres; extingue as misérias sociais. Ditoso aquele que, ultrapassando a sua humanidade, ama com amplo amor os seus irmãos em sofrimento! ditoso aquele que ama, pois não conhece a miséria da alma, nem a do corpo. Tem ligeiros os pés e vive como que transportado, fora de si mesmo. Quando Jesus pronunciou a divina palavra – amor, os povos sobressaltaram-se e os mártires, ébrios de esperança, desceram ao circo.

O Espiritismo a seu turno vem pronunciar uma segunda palavra do alfabeto divino. Estai atentos, pois que essa palavra ergue a lápide dos túmulos vazios, e a *reencarnação,* triunfando da morte, revela às criaturas deslumbradas o seu patrimônio intelectual. Já não é ao suplício que ela conduz o homem: condu-lo à conquista do seu ser, elevado e transfigurado. O sangue resgatou o Espírito e o Espírito tem hoje que resgatar da matéria o homem.

Disse eu que em seus começos o homem só instintos possuía. Mais próximo, portanto, ainda se acha do ponto de partida, do que da meta, aquele em quem predominam os instintos. A fim de avançar para a meta, tem a criatura que vencer os instintos, em proveito dos sentimentos, isto é, que aperfeiçoar estes últimos, sufocando os germes latentes da matéria. Os instintos são a germinação e os embriões do sentimento; trazem consigo o progresso, como a glande encerra em si o carvalho, e os seres menos adiantados são os que, emergindo pouco a pouco de suas crisálidas, se conservam escravizados aos instintos. O Espírito precisa ser cultivado, como um campo. Toda a riqueza futura depende do labor atual, que vos granjeará muito mais do que bens terrenos: a elevação gloriosa. É então que, compreendendo a lei de amor que liga todos os seres, buscareis nela os gozos suavíssimos da alma, prelúdios das alegrias celestes. –
Lázaro. (Paris, 1862.)

Pela mensagem de Lázaro, vemos que o grande objetivo da reencarnação é permitir que cada um de nós possa sublimar os instintos desenvolvendo as virtudes essenciais da vida, num processo de consciência desperta, buscando o equilíbrio existencial.

Isso é, em síntese, o que simbolicamente Jesus ensina com a atitude de lavar os pés dos discípulos e enxugar com a toalha.

Aproximou-se, pois, de Simão Pedro, que lhe disse: Senhor, tu lavas-me os pés a mim? Respondeu Jesus, e disse-lhe: O que eu faço não o sabes tu agora, mas tu o saberás depois.

"A estranheza do discípulo é o estereótipo de um padrão de comportamento egoico muito comum e vigente nos dias atuais. Costumam aqueles que vivem mais pelo ego do que pela essência classificar os outros e a si mesmos pelas coisas que realizam e não pelos Seres que são. A sabedoria profunda, porém, recomenda que jamais deveremos confundir o *fazer* com o *ser*."

Somente quando o Espírito está vivendo em um processo de superficialidade é que há essa confusão. A partir dos esforços para fazer escolhas conscienciais, a pessoa aprende gradativamente que o *fazer* é apenas uma manifestação transitória do Espírito, cujo objetivo é aprimorar o *Ser*.

"Pedro era discípulo e sem se dar conta demonstrou três sentimentos egoicos em uma única pergunta: o primeiro sentimento foi de *preconceito*, pois julgou a atitude do Mestre antes de buscar *aprender* com ela. O segundo sentimento foi de *desconfiança,* pois um aprendiz sincero não duvida da sabedoria do seu Mestre, ainda que não entenda imediatamente como se processa a lição. O terceiro sentimento é o da *menos-valia*, porque considerou em si mesmo que os pés tinham menor importância do que qualquer parte do corpo, rechaçando a humildade do Mestre por causa dos seus sentimentos egoicos.

"Jesus responde ao discípulo incipiente que enquanto as nuvens do ego estivessem envolvendo-o não seria possível ele compreender o Seu gesto.

"Pedro ainda não tinha se permitido se sentir como aprendiz. Ele aceitava a presença do Mestre, mas não aceitava ser o aprendiz do Mestre. Mais tarde, quando os desafios amadureceram o Espírito frágil, ele compreendeu a lição gloriosa de Jesus."

Pedro não admitiu a hipótese de Jesus estar demonstrando com a Sua atitude o espírito de serviço do Líder Servidor. Pedro, com a sua pergunta, denota desconfiança diante da sabedoria do Mestre, devido a esse movimento incomum d'Ele lavar os pés dos discípulos. O que acontecia, em geral, era o contrário, como vimos no capítulo anterior.

Pedro, em sua menos-valia, acreditou-se não merecedor de tamanho gesto de Jesus. Era muito para ele ter os seus pés lavados pelo Mestre que ele amava.

Essa questão de nos sentirmos aprendizes de Jesus é um movimento que todos nós somos convidados a desenvolver. Muitas pessoas aceitam Jesus como salvador, mas não percebem que devem aceitá-Lo como Mestre, para que possam aprender com os Seus ensinamentos.

Disse-lhe Pedro: Nunca me lavarás os pés. Respondeu-lhe Jesus: Se eu te não lavar, não tens parte comigo.

"Os pés simbolizam os impulsos instintivos e o Mestre simboliza a grande conquista existencial, que é a angelitude. Não há como dissociar, no processo de evolução, a sublimação do instinto da humanização e, consequentemente, os esforços da angelização. Para se humanizar, é preciso sublimar os instintos, o que, por sua vez, contribui com o processo de angelização.

"Quando Jesus diz a Pedro que se Ele não lhe lavar os pés não tem parte com Ele, encontramos a profunda lição de que não nos é possível a angelização sem o trabalho de purificação das necessidades primárias, por meio da disciplina e autodomínio. Eis porque o anjo de amanhã começou na evolução e superação dos instintos do ontem."

Somos convidados a ter *parte* com Jesus, ou seja, tomá--Lo como nosso Modelo e Guia, o nosso Mestre, tornando-nos aprendizes d'Ele, pelo exercício das virtudes que Ele nos ensinou exemplificando, para sublimar completamente os instintos, realizando em nós o processo evolutivo exarado na questão 540 de *O Livro dos Espíritos*: "[...] *É assim que tudo serve, que tudo se encadeia na Natureza, desde o átomo primitivo até o arcanjo, que também começou pelo átomo. Admirável lei de harmonia, que o vosso acanhado espírito ainda não pode apreender em seu conjunto.*"

Disse-lhe Simão Pedro: Senhor, não só os meus pés, mas também as mãos e a cabeça.

"Neste versículo, encontramos referências sobre as *mãos*, que simbolizam a condição humana e a *cabeça* que retrata o estado angelical. Pedro, não compreendendo o significado cósmico de tudo quanto Jesus estava elucidando, toma o símbolo como expressão ao pé da letra e não sabe aproveitar o ensino no momento."

Após se recusar a ter os pés lavados por Jesus e depois que o Mestre lhe diz que assim não teria parte com ele, Pedro, com a sua impetuosidade, pede a Jesus que lhe dê quase um banho, para demonstrar que ele era um discípulo do Cristo.

Muitas vezes, agimos assim também, não entendendo que o aprendizado com Jesus é suave e leve, realizado paulatinamente, conforme Ele mesmo nos ensinou. Desejamos um aprendizado por autodecreto de forma impetuosa, e, com isso, passamos a nos exigir vivenciar os ensinamentos do Mestre, forçosamente. Ao agir assim, com autoexigência, criamos todo um processo de culpabilidade por não vivenciar os ensinos cristãos, que apenas nos distancia do verdadeiro aprendizado com Jesus.

Disse-lhe Jesus: Aquele que está lavado não necessita de lavar senão os pés, pois no mais todo está limpo. Ora vós estais limpos, mas não todos. Porque bem sabia ele quem o havia de trair; por isso disse: Nem todos estais limpos.

"Ao se reportar sobre os que se banharam, necessitando apenas lavar os pés, Jesus retrata todos aqueles que já iniciaram o processo da autotransformação consciente e voluntária.

"Simboliza o Mestre o processo iniciático por meio do batismo, comum à época, no qual aqueles que se iniciavam nos caminhos da autoiluminação eram simbolicamente banhados pela água da purificação, como fazia João Batista no Jordão. Aquele que se banhou, necessitando lavar somente os pés tem outra lição e esclarecimento significativo, retratando ao mesmo tempo a sublimação dos instintos e a purificação do propósito existencial que dará o sustento na jornada do aprendiz rumo à plenitude."

Aqui há uma referência sutil a Judas, ainda envolvido nas questões egoicas do poder temporal, mas também simboliza aqueles que ainda estão em consciência de sono, mesmo que acreditem estar na condição de discípulos de Jesus, pois, conforme dissemos, uma questão é a pessoa aceitar a presença do Mestre, como fez Judas; outra é se tornar um aprendiz sincero e verdadeiro d'Ele, tornando-se um Ser Consciencial, trabalhando ativamente pelo equilíbrio existencial.

Pedro, apesar da sua insegurança e impetuosidade, tinha a pureza de propósitos, por isso Jesus diz que ele estava lavado, não necessitando lavar senão os pés, isto é, trabalhar ativamente pela sublimação do ego, como de fato o discípulo já transformado em apóstolo fez depois da desencarnação de Jesus.

Temos no versículo, portanto, dois símbolos: o daqueles que não estão limpos, pois ainda não desenvolveram a pureza de propósitos e ainda se movimentam de maneira egocêntrica, e o daqueles que já iniciaram o processo da autotransformação consciente e voluntária, retratando a sublimação dos instintos e a purificação pelo desenvolvimento da pureza de propósitos. Estes já trabalham pelo cumprimento do propósito existencial, que lhes dará o sustento na jornada do aprendiz rumo à plenitude, no desenvolvendo do equilíbrio existencial.

Depois que lhes lavou os pés, vestiu o manto, pôs-se de novo à mesa e perguntou-lhes: Sabeis o que vos fiz?

"Para a profunda sublimação e purificação dos instintos, o Ser Essencial, o Mestre Crístico, que somos nós em essência, realiza o processo de humildar-se, limpando com carinho e zelo todas as impurezas que jazem no âmago da condição humana. O Ser Essencial vai aos *pés* do ego, porque o ego não tem condições de ir aos *pés* do Ser Essencial.

"Esta é uma atitude virtuosa e somente quem produz a virtude é capaz de realizar. O ego não produz virtudes; ele aprende a conviver com o nascimento delas no íntimo do ser humano. Depois que aprendemos o processo profundo de nos humildar é que vamos tomando os caminhos da maestria, ou seja, vamos colocando o *manto* da maturidade espiritual e chegamos à *mesa* que simboliza o equilíbrio existencial.

"Quando Jesus coloca novamente o manto e volta para a mesa, é o Mestre buscando saber qual o impacto da lição, buscando saber quais dos discípulos têm parte com ele na compreensão da lição ministrada."

Com esta pergunta, Jesus quer passar o significado profundo do Seu gesto, que não tinha apenas a ver com Ele, o Líder Servidor, mas principalmente com a condição evolutiva dos discípulos, que eram convidados a trabalhar ativamente pela sublimação de si mesmos, dos seus instintos primários, para que pudessem se converter em apóstolos do Senhor.

Vós me chamais Mestre e Senhor, e dizeis bem, porque eu o sou. Ora, se eu, Senhor e Mestre, vos lavei os pés, vós deveis também lavar os pés uns aos outros.

"Quando o Ser Essencial vai até os próprios sentimentos e comportamentos do ego, purificando as matrizes instintivas que geram os **conflitos-aflições** dentro do ser, o segundo dever é de caridade, buscando exercitar a energia desse amor para com as demais criaturas, cumprindo a Lei de Justiça, Amor e Caridade.

"É nisso que consiste o pedido de Jesus na simbologia de lavar os pés uns dos outros, ou seja, contribuir com o progresso espiritual das demais criaturas, irmãs em Humanidade."

É isso que todos nós somos convidados a realizar, após o momento em que a nossa consciência desperta e nos tornamos Seres Conscienciais: trabalhar no Bem maior pelo nosso autoaprimoramento e, ao mesmo tempo, *lavar os pés uns dos outros,* isto é, auxiliar os nossos irmãos em humanidade a se tornarem, também, Seres Conscienciais.

Porque eu vos dei o exemplo, para que, como eu vos fiz, façais vós também. Na verdade, na verdade vos digo que não é o servo maior do que o seu senhor, nem o mensageiro maior do que aquele que o enviou.

"Aqui, nesta passagem, Jesus aprofunda o ensinamento, colocando a virtude da exemplificação como proposta de vida para todos os que, de fato, estão no processo da autoiluminação.

"O fato de o Mestre explanar que o convite é para que façamos o mesmo que Ele havia feito demonstra a aplicabilidade dos Seus ensinos, elaborados para a nossa condição humana e planejados para nos conduzir para a nossa angelitude. Quando Jesus reporta sobre o servo não ser maior que o seu Senhor, nem o mensageiro maior do que aquele que o enviou, estamos recebendo o ensinamento de que o ego não é maior que o Ser Essencial.

"O Senhor de nossa intimidade é o Ser Essencial que somos. Por não buscar acioná-lo ou desenvolvê-lo, o ego se posta como senhor, mas nessa simbologia ele é retratado como o servo, ou seja, aquele que é feito para servir ao Senhor, que será sempre o Ser Essencial, o amor em nós. O Ser Essencial, por sua vez, não existe para ser servido, mas para servir no cumprimento das Leis Divinas na própria consciência."

Temos todas as condições para sublimar gradativamente o ego, num processo profundo de autoconsciência, alcançando a condição de Seres Conscienciais, verdadeiros apóstolos de Jesus nos dias de hoje.

Pelo fato do Espírito não buscar acionar e desenvolver o Cristo interno devido à indolência, o ego se posta como senhor, mas Jesus diz, simbolicamente, que ele é o servo, ou seja, aquele que é feito para servir ao Senhor, que será sempre o Ser Essencial, o amor ínsito em nós.

Para colocar o ego a serviço do Cristo interno, somos convidados a acionar a força autoevolutiva em sintonia com a força endoevolutiva para despertar nossas consciências para a essência da vida, tornando-nos Seres Conscienciais, confiantes de que é plenamente possível adquirir essa condição.

Para isso, é fundamental confiar na Providência Divina e canalizarmos todas as nossas energias para o amor, pois assim elas jamais serão perdidas. Essencialmente, essas energias – que são do mesmo teor que a luz do Ser Essencial – vão concorrer para o despertar de todos os Espíritos que vivem neste planeta, consoante uma orientação do próprio Cristo de que nenhuma das ovelhas que o Pai Lhe confiou se perderá.

Se compreenderdes isto e o particardes, sereis felizes.

É importante lembrar que o nosso propósito existencial não é o de mudar os outros, ou o planeta, mas o do nosso autoencontro, desenvolvendo o *Reino de Deus* dentro de nós mesmos. É esse o nosso objetivo primordial, o nosso propósito maior, e, ao realizá-lo, somos convidados a agir como semeadores, no esforço de mudança coletiva rumo à Espiritualidade Maior.

Cabe a cada um vitalizar o poder real que existe em si mesmo, para entrar em um processo em que temos consciência da eternidade, da vida não circunscrita, mas Vida com "v" maiúsculo. Quando vemos a Vida dessa forma, entendemos que este momento aqui é mínimo diante da eternidade. Porém, nesse mínimo, somos convidados a fazer o máximo que podemos, realizando o bem no limite de nossas forças, conforme nos recomenda a questão 642[5] de *O Livro dos Espíritos*. Sabendo disso, as coisas acontecem não da forma como desejaríamos, mas da

---

5 *Para agradar a Deus e assegurar a sua posição futura, bastará que o homem não pratique o mal?* "Não; cumpre-lhe fazer o bem no limite de suas forças, porquanto responderá por todo mal *que haja resultado de não haver praticado o bem.*"

forma como a Providência Divina permite acontecer tanto conosco quanto com as demais pessoas.

É importante lembrar sempre a parte no Pai-Nosso em que Jesus fala "[...] *Seja feita a Vossa vontade*". Qual é a vontade de Deus para todos nós? Nossa evolução, para que melhoremos e sejamos plenamente felizes. Essa vontade de Deus é idêntica para todos os Seus filhos, todas as Suas criaturas.

Ele criou Leis que vão nos levar até lá, impreterivelmente. Essas Leis são inexoráveis. Não temos como fugir desse caminho; só podemos adiantá-lo ou postergá-lo. Contudo, só temos o poder de evoluir por nós mesmos, enquanto o outro evolui por ele mesmo. Cada um de nós tem o seu momento de despertar e seguir o seu caminho.

Essa é a realidade, e isso gera um alento. Não daquele tipo de falso alento em que nos enganamos; pelo contrário, sentimos que a realidade é assim e que podemos, sim, desenvolver o nosso equilíbrio existencial, tornando-nos Seres Conscienciais.

Temos plena certeza disso tudo, porque a energia que sentimos, quando em sintonia com Deus, com Jesus e com os Espíritos superiores que trabalham em nome de Jesus, não pode ser negada nem nos engana. Ela tem o poder de nos estimular as virtudes do amor, da mansidão, da humildade, da renúncia, da compaixão etc.

A Providência Divina vela pelo Universo inteiro e por todos nós, para que possamos praticar exercícios de amor, sentir e vivenciar tudo isso plenamente. Confiar nessa Providência é sentir uma das coisas mais acalentadoras e que geram mais aconchego na vida. Aqueles que nela não confiam vivem como seres abandonados no Universo. É muito triste, muito angustiante, viver assim, como doentes existenciais sem rumo e sem direção.

Aqueles que já estão nessa posição de confiar sentem plenamente que as coisas realmente são assim, que não são ilusões, porque as sentem na pele, no coração batendo mais forte, na suavidade, leveza e contentamento que sentem na vida, sentimento esse que é fruto de uma crença refletida, sentida e vivenciada.

Por isso, mais do que em outros momentos, nesta fase desafiadora da Humanidade, em que há tanto sofrimento a lenir, somos convidados a efetivamente nos tornar instrumentos da Paz de Jesus, *lavando os pés uns dos outros*, auxiliando cada aflito que tivermos a honra de *lavar os pés* a encontrar o Reino de Deus dentro de si mesmo.

Essa convicção faz com que consigamos superar quaisquer dificuldades que existam, para vivenciarmos a vida de forma mais saudável e feliz. Então, o Universo se abre para nós, pois estamos decididos e prontos para viver uma Vida assim, repleta de sentido.

Se compreendermos e praticarmos isso, seremos felizes, como ensina o Mestre de nossas vidas.

4

Parábola
DA ESCOLHA CONSCIENCIAL
(PEQUENINOS)

A seguir, estudaremos a **Parábola da Escolha Consciencial** (dos Pequeninos) anotada por Mateus, no capítulo 25:34 a 46:

> Então, dirá o Rei aos que estiverem à sua direita: Vinde benditos de meu Pai, possuis por herança o Reino que vos está preparado desde a fundação do mundo;

> Porque tive fome, e destes-me de comer; tive sede, e destes-me de beber; era estrangeiro, e hospedastes-me; estava nu, e vestistes-me; adoeci, e visitastes-me; estive na prisão, e fostes ver-me.

> Então, os justos lhe responderão, dizendo: Senhor, quando te vimos com fome e te demos de comer? Ou com sede e te demos de beber? E, quando te vimos estrangeiro e te hospedamos? Ou nu e te vestimos? E, quando te vimos enfermo ou na prisão e fomos ver-te?

> E, respondendo o Rei, lhes dirá: Em verdade vos digo que, quando o fizestes a um destes meus pequeninos irmãos, a mim o fizestes.

> Então, dirá também aos que estiverem à sua esquerda: Apartai-vos de mim, malditos, para o fogo eterno, preparado para o diabo e seus anjos; porque tive fome, e não me destes de comer; tive sede, e não me destes de beber; sendo estrangeiro, não me recolhestes; estando nu, não me vestistes; e estando enfermo e na prisão, não me visitastes.

> Então, eles também lhe responderão, dizendo: Senhor, quando te vimos com fome, ou com sede, ou estrangeiro, ou nu, ou enfermo, ou na prisão e não te servimos?

> Então, lhes responderá, dizendo: Em verdade vos digo que, quando a um destes pequeninos o não fizestes, não o fizestes a mim.

> E irão estes para o tormento eterno, mas os justos, para a vida eterna.

Reflitamos sobre os símbolos profundos da parábola, abordando-os sob uma visão psicológica transpessoal-consciencial.

Então, dirá o Rei aos que estiverem à sua direita: Vinde, benditos de meu Pai, possuis por herança o Reino que vos está preparado desde a fundação do mundo.

Temos neste versículo vários símbolos importantes:

Quem é o *Rei*? O *Rei* é o Ser Consciencial, também chamado Ser Essencial, que nos convida, incessantemente, a praticar a Lei de Justiça, Amor e Caridade, que resume todas as demais. A nossa consciência nos convida incessantemente a praticar as Leis Divinas.

Quem são os que estão *à direita do Rei*? São os *benditos do Pai*, os justos, ou seja, os que estão com a consciência desperta, trabalhando ativamente para conquistar a felicidade, cumprindo a Lei de Justiça, Amor e Caridade e todas as demais Leis Divinas, em um processo equilibrado de prática dos direitos e deveres conscienciais.

Quem são os que estão *à esquerda do Rei*? São os malditos, ou seja, os que estão em uma consciência de sono e que não cumprem a Lei de Justiça, Amor e Caridade. Jesus diz: *Então, dirá também aos que estiverem à sua esquerda: Apartai-vos de mim, malditos...*

São aqueles que, mesmo trazendo em si a consciência, não a ouvem, pois a anestesiam utilizando diferentes meios. Os que estão em uma consciência de sono ainda não despertaram para desenvolver a própria felicidade pelo cumprimento das Leis Divinas.

O que é *o Reino que vos está preparado desde a fundação do mundo*? Para entender essa afirmação de Jesus, vamos refletir sobre a questão 540 de *O Livro dos Espíritos*: "É assim que tudo serve, tudo se encadeia na Natureza, desde o átomo primitivo até o arcanjo, que também começou pelo átomo."[6]

Quando Deus cria o princípio inteligente para animar o átomo primitivo, qual é o reino desse princípio inteligente desde o momento da sua criação? O reino dos anjos, ou seja, o reino que nos está preparado desde a fundação do mundo. Já somos criados para sermos anjos e ficarmos permanentemente em comunhão com Deus.

A conquista desse Reino é realizada pela busca da consciência tranquila, geradora da *perfeita alegria* daquele que cumpre a Lei de Justiça, Amor e Caridade.

É possível desenvolver a felicidade relativa, aqui e agora? Sim, perfeitamente, pelo processo de conhecer, amar, respeitar e vivenciar as Leis Divinas.

Porque tive fome, e destes-me de comer; tive sede, e destes-me de beber; era estrangeiro, e hospedastes-me; estava nu, e vestistes-me; adoeci, e visitastes-me; estive na prisão, e fostes ver-me.

O que representa tudo isso? Convites ao atendimento de nossas necessidades de acolhimento e transmutação do ego. Jesus utiliza vários símbolos aqui, que Ele também usa em outras parábolas e encontros terapêuticos. Reflitamos:

Fome: símbolo da ausência de sentido existencial. Na parábola dos dois filhos, esse símbolo aparece quando o filho pródigo está na *terra longínqua* e começa a passar fome.

Dar de comer: simboliza o movimento essencial de produzir sentido existencial. Acontece quando o filho pródigo cai em si e volta para a *casa do pai*.

Sede: símbolo da ausência do exercício do autoamor. No encontro terapêutico de Jesus com a samaritana no poço de

---

6 KARDEC, Allan. *O Livro dos Espíritos*. Tradução de Evandro Noleto Bezerra. Rio de Janeiro: FEB, 2006

Jacob, Jesus fala da água da vida (autoamor), que aquele que a toma jamais sentirá sede.

Dar de beber: simboliza o exercício contínuo da virtude do autoamor, que saciará nossa *sede* para sempre.

Estrangeiro: símbolo do sentimento de inadequação quando damos vazão a processos que contrariam as Leis Divinas. É equivalente a ir para a *terra longínqua* da parábola dos dois filhos.

Hospedar: simboliza a virtude do autoacolhimento para agir consciencialmente, cumprindo-se as Leis Divinas.

Estar nu: símbolo do sentimento indignidade resultante de ações que levam o indivíduo a descumprir as Leis Divinas em sua consciência. Está presente na parábola dos dois filhos quando o filho volta para casa seminu, sentindo-se indigno de ser chamado filho. (*Já não sou digno de ser chamado teu filho; faze-me como um dos teus trabalhadores.*)

Vestir: simboliza a virtude da compaixão que somos convidados a ter conosco para trabalhar pela reparação de nossos atos indignos. Quando, de alguma forma, afrontamos a nossa relação com as Leis Divinas, somos convidados a nos arrepender, expiar e reparar os nossos atos. Somente exercitando a compaixão por nós mesmos é que podemos agir assim. Jesus ensina isso na parábola dos dois filhos quando o filho volta para casa se sentindo indigno e o pai o recebe com íntima compaixão e pede para os servos lhe trazerem a melhor roupa para vesti-lo. (*Mas o pai disse aos seus servos: Trazei depressa a melhor roupa, e vesti-lho.*)

Adoecer: símbolo das consequências em dar vazão aos sentimentos egoicos, que gerarão doenças físicas e emocionais.

Visitar: simboliza a virtude da autovalorização, porquanto, apesar de Espíritos doentes, somos seres valorosos, capazes de tomar consciência de nossos atos para transmutá-los quando inadequados.

Prisão: símbolo do sentimento de culpa que nos aprisiona ao sentimento de indignidade e menos-valia, que gera estagnação. Jesus o utiliza na parábola da conciliação com os adversários. (*Concilia-te depressa com o teu adversário, enquanto estás no caminho com ele, para que não aconteça que o adversário te entregue ao juiz, e o juiz te entregue ao oficial, e te encerrem na prisão.*)

Ir ver: simboliza a virtude do autoperdão, que nos conecta com a Lei de Reparação com o intuito de nos reabilitar perante a nossa consciência quando agimos egoicamente. Somente reparando os débitos que trazemos é que conseguiremos nos libertar completamente, agindo com amor, justiça e caridade para conosco e jamais nos aprisionando na culpa.

Então, os justos lhe responderão, dizendo: Senhor, quando te vimos com fome e te demos de comer? Ou com sede e te demos de beber? E, quando te vimos estrangeiro e te hospedamos? Ou nu e te vestimos? E quando te vimos enfermo ou na prisão e fomos ver-te?

Então, eles [os que estão à esquerda do Rei] *também lhe responderão, dizendo: Senhor, quando te vimos com fome, ou com sede, ou estrangeiro, ou nu, ou enfermo, ou na prisão e não te servimos?*

O que estas perguntas representam? Apelos de nossa própria consciência, na qual todos nós trazemos escrita a Lei de Deus, para amá-la, respeitá-la e cumpri-la.

Quem é que pode dizer que não sente os apelos da própria consciência quando vê a necessidade de alguém à sua frente? Comumente, a pessoa anestesia a consciência, fazendo questão de não os ouvir.

Então, existem aqueles que ouvem o apelo e atendem às vozes-alerta da consciência e aqueles que não ouvem esse convite.

Somente por meio das ações conscienciais é que desenvolveremos o equilíbrio existencial, que todos somos convidados a buscar, conforme nos ensina a questão 115 de *O Livro dos Espíritos*:

Dos Espíritos, uns terão sido criados bons e outros maus?

"Deus criou todos os Espíritos simples e ignorantes, isto é, sem saber. A cada um deu determinada missão, com o fim de esclarecê-los e de os fazer chegar progressivamente à perfeição, pelo conhecimento da verdade, para aproximá-los de si. Nesta perfeição é que eles encontram a pura e eterna felicidade. Passando pelas provas que Deus lhes impõe é que os Espíritos adquirem aquele conhecimento. Uns aceitam submissos essas provas e chegam mais depressa à meta que lhes foi assinada. Outros, só a suportam murmurando e, pela falta em que desse modo incorrem, permanecem afastados da perfeição e da prometida felicidade."

Vejamos uma síntese da parábola à luz da questão 115:

Missão do Espírito imortal: cumprir o propósito existencial de se aproximar de Deus pelo conhecimento da Verdade e, com isso, alcançar a pura e eterna felicidade.

Submissão: o Espírito imortal, que faz esforços para desenvolver em si mesmo as virtudes da humildade, mansidão, obediência e resignação e se entrega submisso, em *perfeita alegria* às Leis de Deus, submete-se ao dever consciencial de realizar a missão que traz ínsita em si, aproximando-se gradualmente do Criador, adquirindo o direito de usufruir a pura e eterna felicidade da onipresença amorosa de Deus em si mesmo. Na parábola, são aqueles seres simbolizados por estarem *à direita do Rei*.

Murmúrio: é o processo circunstancial de revolta insubmissa ao propósito existencial, que pode durar mais ou menos tempo e ter diferentes graus de manifestação, desde o vazio existencial, passando pelo abandono existencial, podendo chegar até o estágio do isolamento existencial, ao ponto de tentar perseguir Deus em si e, principalmente, nos outros, numa tentativa vã de negar as Leis Divinas. Na parábola, são os simbolizados por estarem *à esquerda do Rei*.

E, respondendo o Rei, lhes dirá: Em verdade vos digo que, quando o fizestes a um destes meus pequeninos irmãos, a mim o fizestes.

[...] Então, lhes responderá, dizendo: Em verdade vos digo que, quando a um destes pequeninos o não fizestes, não o fizestes a mim.

Quem são os *pequeninos irmãos do Rei*? São as necessidades, que abrangem dois tipos:

1º – as necessidades do chamado ego, o eu menor. O ego traz necessidade de ser alimentado, dessedentado, vestido, curado etc., para ser transmutado e transformado na Luz Essencial.

O ser humano é composto de Ser Essencial e ego, ou *Self* e ego, o lado luz e o lado sombra. Somos todos convidados a iluminar o nosso ego, alimentando-o, dessedentando-o, curando-o etc.

A Lei de Justiça será cumprida com o suporte da Lei de Amor, que nos convida a amar a nós mesmos e ao próximo como a nós mesmos para usufruirmos o direito de sermos felizes. Não há como sermos felizes, deixando na retaguarda uma série de problemas que criamos e ainda não resolvemos. Isso somente poderá ser conquistado por meio das ações consienciais.

2º – As necessidades de todos os Seres Sencientes, tanto da dimensão física quanto da dimensão espiritual.

A Lei de Justiça será cumprida também com o suporte da Lei de Caridade, que nos convida a fazer aos outros aquilo que gostaríamos que fosse feito a nós, exercitando o dever de sermos amáveis e felizes.

Assim, quando atendemos às nossas necessidades, enchemo-nos de amor e felicidade e, repletos dessas virtudes, é impossível ficarmos indiferentes ao sofrimento dos outros. Por isso é que a felicidade é um direito e, ao mesmo tempo, um dever, porque com ela jamais nos encastelamos no próprio ego, num movimento egoísta e egocêntrico. A pessoa amável e feliz vai ao encontro do outro para doar-se, em vez de ficar reclamando do trabalho do bem que é convidada a realizar em sua própria intimidade e na relação com outras pessoas.

Então, dirá também aos que estiverem à sua esquerda: Apartai-vos de mim, malditos, para o fogo eterno, preparado para o diabo e seus anjos; porque tive fome, e não me destes de comer; tive sede, e não me destes de beber; sendo estrangeiro, não me recolhestes; estando nu, não me vestistes; e, estando enfermo e na prisão, não me visitastes.

O que representa o *fogo eterno preparado para o diabo e seus anjos*?

Representa o estado daqueles que se entregaram ao ego, simbolizado pelo *diabo*, e aos sentimentos, tentações e desejos egoicos (anjos do diabo). Trata-se do sofrimento daqueles que assim agiram, cultuando os sentimentos egoicos do orgulho, egoísmo, vaidade etc., geradores do egocentrismo que nos afasta (*apartai-vos de mim*) da Essência Divina que somos. Agindo de forma egoística e egocêntrica, cedo ou tarde produziremos o conflito consciencial gerado pela culpa e remorso, e, por consequência, o sofrimento que produz uma ilusão de eternidade, simbolizada pelo *fogo eterno*.

Quando a pessoa está sofrendo, ela tem uma ilusão de eternidade, mas, conforme nos ensinam as obras básicas, e as subsidiárias idôneas, não há sofrimento eterno, conforme elucida a questão 125 de *O Livro dos Espíritos*, seguida de um comentário de Allan Kardec:

125. Os Espíritos que enveredaram pela senda do mal poderão chegar ao mesmo grau de superioridade que os outros?

"Sim; mas as eternidades lhes serão mais longas."

Por estas palavras – as eternidades – se deve entender a ideia que os Espíritos inferiores fazem da perpetuidade de seus sofrimentos, cujo termo não lhes é dado ver, ideia que revive todas as vezes que sucumbem numa prova.

E irão estes para o tormento eterno, mas os justos, para a vida eterna.

Jesus estaria falando do inferno onde haverá o tormento eterno? Não! Se houvesse inferno eterno, Deus não seria soberanamente justo e bom, onipotente e onisciente, porque Ele criaria um ser para ficar eternamente imperfeito. Admitir a eternidade do sofrimento é negar tudo que Deus é.

Enquanto a pessoa não se assumir como aprendiz da Vida, filha de Deus, e continuar tentando afrontar a Lei de Justiça, Amor e Caridade, ela permanecerá num tormento por todo o tempo que durar sua rebeldia, produzindo muito sofrimento, que, cedo ou tarde, a convidará a praticar as Leis Divinas, para que possa entrar na vida eterna de amor e felicidade destinada a todos nós desde sempre. (*Reino que vos está preparado desde a fundação do mundo.*)

Portanto, quando alguém pede o nosso carinho, o nosso amor, a nossa consideração, o nosso respeito profundo e nós nos doamos em amor, com a *perfeita alegria*, isso significa a presença de Deus abrindo-nos os *braços*, informando, silenciosamente: "– Filho, aceito a tua dádiva". E então nós ofertamos a única doação que nos é possível Àquele que é o Sol de todos nós, o Senhor de tudo.

Em outra passagem do Evangelho, Jesus expressa a doação geradora da *perfeita alegria*. Está em Lucas, 8:43 a 46:

E uma mulher, que tinha um fluxo de sangue, havia doze anos, e gastara com os médicos todos os seus haveres, e por nenhum pudera ser curada, chegando por detrás dele, tocou na orla de sua veste, e logo estancou o fluxo do seu sangue.

E disse Jesus: Quem é que me tocou? E, negando todos, disse Pedro e os que estavam com ele: Mestre, a multidão te aperta e te oprime, e dizes: Quem é que me tocou?

E disse Jesus: Alguém me tocou, porque bem conheci que de mim saiu virtude.

Jesus é o nosso modelo e guia, e nesta passagem Ele chama a atenção para o fato de que d'Ele saiu virtude.

Quando é que de nós sai virtude, nesse convite de modelar o Mestre? Quando nos doamos, entregando-nos em *perfeita alegria*. E essa virtude é a doação que cura, que ama, que ampara, que consola...

Portanto, qual é o sinal que demonstra que estamos verdadeiramente sentindo a *perfeita alegria* que nos ensina Francisco de Assis, tomando verdadeiramente o jugo de Jesus? Quando de nós sai virtude. Quando nós sentimos esse pertencimento, essa sintonia com Deus, isso é a *perfeita alegria*, conforme também ensina Paulo de Tarso em:

> 1 Coríntios: 3 – 9 – Porque de Deus somos cooperadores; lavoura de Deus, edifício de Deus sois vós.
>
> Em 2 Coríntios: 5 – 20 – De sorte que somos embaixadores em nome do Cristo, como se Deus exortasse por nosso intermédio.

Nós somos convidados a ser embaixadores de Jesus, ou seja, aqueles que representam o Senhor.

Sermos cooperadores de Deus e embaixadores do Cristo é a *perfeita alegria* retratada por Francisco de Assis.

Estudemos, a seguir, a história de vida de Joana de Cusa, alguém que se doou em *perfeita alegria* a Deus e a Jesus. O texto é do livro *Boa Nova*, de Humberto de Campos, psicografia de Francisco Cândido Xavier, capítulo 15, intitulado "Joana de Cusa".

> Entre a multidão que invariavelmente acompanhava a Jesus nas pregações do lago, achava-se sempre uma mulher de rara dedicação e nobre caráter, das mais altamente colocadas na sociedade de Cafarnaum. Tratava-se de Joana, consorte de Cusa, intendente de Ântipas, na cidade onde se conjugavam interesses vitais de comerciantes e de pescadores.
>
> Joana possuía verdadeira fé; entretanto, não conseguiu forrar-se às amarguras domésticas, porque seu companheiro de lutas

não aceitava as claridades do Evangelho. Considerando seus dissabores íntimos, a nobre dama procurou o Messias, numa ocasião em que ele descansava em casa de Simão e lhe expôs a longa série de suas contrariedades e padecimentos. O esposo não tolerava a doutrina do Mestre.

Alto funcionário de Herodes, em perene contato com os representantes do Império, repartia as suas preferências religiosas, ora com os interesses da comunidade judaica, ora com os deuses romanos, o que lhe permitia viver em tranquilidade fácil e rendosa. Joana confessou ao Mestre os seus temores, suas lutas e desgostos no ambiente doméstico, expondo suas amarguras em face das divergências religiosas existentes entre ela e o companheiro.

Após ouvir-lhe a longa exposição, Jesus lhe ponderou:

– Joana, só há um Deus, que é o Nosso Pai, e só existe uma fé para as nossas relações com o seu amor. Certas manifestações religiosas, no mundo, muitas vezes não passam de vícios populares nos hábitos exteriores. Todos os templos da Terra são de pedra; eu venho, em nome de Deus, abrir o templo da fé viva no coração dos homens.

Entre o sincero discípulo do Evangelho e os erros milenários do mundo, começa a travar-se o combate sem sangue da redenção espiritual. Agradece ao Pai o haver-te julgado digna do bom trabalho, desde agora. Teu esposo não te compreende a alma sensível? Compreender-te-á um dia. É leviano e indiferente? Ama-o, mesmo assim. Não te acharias ligada a ele se não houvesse para isso razão justa.

Servindo-o com amorosa dedicação, estarás cumprindo a vontade de Deus. Falas-me de teus receios e de tuas dúvidas. Deves, pelo Evangelho, amá-lo ainda mais. Os sãos não precisam de médico. Além disso, não poderemos colher uvas nos abrolhos, mas podemos amanhar o solo que produziu cardos envenenados, a fim de cultivarmos nele mesmo a videira maravilhosa do amor e da vida.

[...]

Vai, filha!... Sê fiel.

Desde esse dia, memorável para a sua existência, a mulher de Cusa experimentou na alma a claridade constante de uma resignação sempre pronta ao bom trabalho e sempre ativa para a compreensão de Deus, como se o ensinamento do Mestre estivesse agora gravado indelevelmente em sua alma, considerou que, antes de ser esposa na Terra, já era filha daquele Pai que, do Céu, lhe conhecia a generosidade e os sacrifícios. Seu espírito divisou em todos os labores uma luz sagrada e oculta.

Procurou esquecer todas as características inferiores do companheiro, para observar somente o que possuía ele de bom, desenvolvendo, nas menores oportunidades, o embrião vacilante de suas virtudes eternas. Mais tarde, o céu lhe enviou um filhinho, que veio duplicar os seus trabalhos; ela, porém, sem olvidar as recomendações de fidelidade que Jesus lhe havia feito, transformava suas dores num hino de triunfo silencioso em cada dia.

Os anos passaram e o esforço perseverante lhe multiplicou os bens da fé, na marcha laboriosa do conhecimento e da vida. As perseguições políticas desabaram sobre a existência do seu companheiro. Joana, contudo, se mantinha firme. Torturado pelas ideias odiosas de vingança, pelas dívidas insolváveis, pelas vaidades feridas, pelas moléstias que lhe verminaram o corpo, o ex-intendente de Ântipas voltou ao plano espiritual, numa noite de sombras tempestuosas.

Sua esposa, todavia, suportou os dissabores mais amargos, fiel aos seus ideais divinos edificados na confiança sincera. Premida pelas necessidades mais duras, a nobre dama de Cafarnaum procurou trabalho para se manter com o filhinho, que Deus lhe confiara!

[...]

No ano 68, quando as perseguições ao Cristianismo iam intensas, vamos encontrar, num dos espetáculos sucessivos do circo, uma velha discípula do Senhor amarrada ao poste do martírio, ao lado de um homem novo, que era seu filho.

Ante o vozerio do povo, foram ordenadas as primeiras flagelações.

– Abjura!... – Exclama um executor das ordens imperiais, de olhar cruel e sombrio.

Mas a antiga discípula do Senhor contempla o céu, sem uma palavra de negação ou de queixa. Então o açoite vibra sobre o rapaz seminu, que exclama, entre lágrimas: – "Repudia a Jesus, minha mãe!..."

"Não vês que nos perdemos?!"

"Abjura!... por mim que sou teu filho!..."

Pela primeira vez, dos olhos da mártir corre a fonte abundante das lágrimas. As rogativas do filho são espadas de angústia que lhe retalham o coração.

"– Abjura!... Abjura!"

Joana ouve aqueles gritos, recordando a existência inteira. O lar risonho e festivo, as horas de ventura, os desgostos domésticos, as emoções maternais, os fracassos do esposo, sua desesperação e sua morte, a viuvez, a desolação e as necessidades mais duras...

Em seguida, ante os apelos desesperados do filhinho, recordou que Maria também fora mãe e, vendo o seu Jesus crucificado no madeiro da infâmia, soubera conformar-se com os desígnios divinos. Acima de todas as recordações, como alegria suprema de sua vida, pareceu-lhe ouvir ainda o Mestre, em casa de Pedro, a lhe dizer: – "Vai filha! Sê fiel!" Então, possuída de força sobre-humana, a viúva de Cusa contemplou a primeira vítima ensanguentada e, fixando no jovem um olhar profundo e inexprimível, na sua dor e na sua ternura, exclamou firmemente:

– Cala-te, meu filho! Jesus era puro e não desdenhou o sacrifício. Saibamos sofrer na hora dolorosa, porque, acima de todas as felicidades transitórias do mundo, é preciso ser fiel a Deus!

A esse tempo, com os aplausos delirantes do povo, os verdugos incendiavam, em derredor, achas de lenha embebidas em resina inflamável. Em poucos instantes, as labaredas lamberam-lhe o corpo envelhecido.

Joana de Cusa contemplou, com serenidade, a massa de povo que lhe não entendia o sacrifício. Os gemidos de dor lhe morriam abafados no peito opresso. Os algozes da mártir cercaram-lhe de impropérios a fogueira:

– O teu Cristo soube apenas ensinar-te a morrer? – Perguntou um dos verdugos.

A velha discípula, concentrando a sua capacidade de resistência, teve ainda forças para murmurar:

– Não apenas a morrer, mas também a vos amar!...

Nesse instante, sentiu que a mão consoladora do Mestre lhe tocava suavemente os ombros, e lhe escutou a voz carinhosa e inesquecível:

– Joana tem bom ânimo!... Eu aqui estou!...

Quando vemos histórias como a de Joana de Cusa e outros cristãos que morreram nas fogueiras ou devorados pelas feras nos circos romanos, é muito importante que nós, cristãos do século XXI, perguntemo-nos: o que eles tinham de diferente para oferecer as suas vidas em holocausto a Jesus? Eles tinham a convicção de que estavam se entregando por uma causa muito nobre, a causa do Cristo.

Os primeiros cristãos, conforme vimos no martírio de Joana de Cusa, eram tidos como covardes, devido à convicção com que se entregavam ao martírio. Já na véspera dos suplícios na arena, passavam a noite a cantar hinos de louvor a Deus e a Jesus. No instante do supremo sacrifício, muitas vezes também cantavam. Frequentemente, porém, nós os colocamos num pedestal em que eles não estão. Beatificamos essas pessoas e distanciamos de nós os seus exemplos, por comodismo ou por um processo de não os modelar, não trazer o seu exemplo vivo para dentro de nós.

Nos dias de hoje, o espírita-cristão também é visto como covarde quando não revida as calúnias e difamações das quais é objeto, quando se mantém fiel a Jesus e a Kardec, cantando, silenciosamente, com o próprio exemplo, hosanas ao Criador.

Modernamente, o espírita-cristão já não precisa entregar o seu corpo para ser devorado pelas feras ou para ser queimado nas fogueiras, como nos primeiros tempos do Cristianismo e na Idade Média, mas é convidado a entregar a sua vida, um dia de cada vez, em *perfeita alegria* nas muitas adversidades que cercam a atividade cristã mesmo no século XXI.

O espírita-cristão é convidado a se doar, diariamente, tomando o jugo de Jesus, como fizeram, com muito amor, os contemporâneos Eurípedes Barsanulfo, Yvonne do Amaral Pereira, Francisco Cândido Xavier e muitos outros desconhecidos. Doaram-se e doam-se em *perfeita alegria*, cantando hosanas diárias ao Criador, como os primeiros cristãos em pleno circo romano: "...minha vida não é minha, é do céu que me abençoa, é da luz que me ilumina, minha vida não é minha...".

Então, imaginemos um abraço, um sorriso, um pão, um diálogo, um carinho, um consolo que ofertemos a alguém encarnado ou desencarnado, com a compreensão dessa alegria existencial. Nesse momento, estaremos dando algo de nós ao Criador, com *perfeita alegria.*

Podemos, assim, escolher ficar à esquerda ou à direita do Rei, sentindo o *fogo eterno* a nos torturar ou optando pelo desenvolvimento gradativo das virtudes, para nos aproximarmos do Pai e alcançarmos a pura e eterna felicidade. A nossa consciência desperta, pelos esforços contínuos, pacientes, perseverantes e disciplinados proporcionará a melhor escolha.

5

parábola

DO PLANO EXISTENCIAL (VINHATEIROS HOMICIDAS)

✖

A seguir, estudaremos a interpretação de nível existencial,[7] psicológica consciencial, da **Parábola do Plano Existencial** (vinhateiros homicidas) anotada por Mateus, no capítulo 21:33 a 41:

> Ouvi outra parábola: Um homem, pai de família, havia que plantou uma vinha. Cercou-a com uma sebe,[8] cavou no interior um lagar,[9] edificou uma torre, arrendou a vinha a alguns agricultores e ausentou-se para longe.
>
> Aproximando-se a estação dos frutos, mandou ele seus servos aos vinhateiros, para receber os frutos que lhe cabiam.
>
> Os vinhateiros, porém, agarraram os servos, feriram a uns, mataram a outros e a outros, apedrejaram.
>
> De novo, o dono da vinha mandou outros servos em maior número do que os primeiros e os vinhateiros os trataram do mesmo modo.
>
> Mandou, por último, seu próprio filho, dizendo: A meu filho, terão respeito.
>
> Mas, ao vê-lo, os vinhateiros disseram entre si: Este é o herdeiro; vamos, matemo-lo e ficaremos donos da sua herança.
>
> Agarraram-no, lançaram-no fora da vinha e o mataram.
>
> Ora, quando o dono da vinha vier que fará àqueles agricultores?

---

7 Em *O Evangelho segundo o Espiritismo*, capítulo XV, há uma interpretação de Allan Kardec de nível circunstancial. A diferença para o nível existencial é que nessa os símbolos são analisados dentro de uma abordagem psicológica consciencial intrapsíquica.

8 Cerca de plantas ou de arbustos e ramos secos para proteger vinhas.

9 Local adequado para espremer certos frutos (uva, azeitona), reduzindo-os a líquido. Na época de Jesus, era cavado na rocha.

Responderam-lhe: Aniquilará os malvados como merecem, arrendará a vinha a outros vinhateiros que, nas épocas próprias, lhe entreguem os frutos.

Antes de iniciar a exegese da parábola versículo a versículo, vejamos os principais símbolos nela contidos.

- **Homem, Pai de Família**: símbolo de Deus.
- **Família (do Pai)**: símbolo das Leis Divinas que trazemos na consciência.
- **Vinha**: símbolo da vida do Espírito imortal, tanto desencarnado quanto na existência corporal.
- **Cercar com a sebe**: símbolo das experiências-aprendizado como instrumento de evolução.
- **Cavar um lagar**: símbolo da produção do sentido existencial que todos nós somos convidados a realizar.
- **Edificar uma Torre**: símbolo do propósito existencial do Espírito imortal de evoluir até a felicidade plena. Em cada existência, nós trazemos um propósito específico de desenvolver uma ou mais virtudes para aquela existência, que auxilia nesse propósito maior do ser imortal, que é a conquista da felicidade.
- **Arrendamento**: o processo reencarnatório, que inclui a Lei do Esquecimento (*partiu para longe*).
- **Vinhateiros (agricultores)**: símbolo da ignorância do não saber, do não sentir e do não vivenciar a Verdade.
- **Os primeiros servos**: símbolo do conhecimento das Leis Morais da Vida.
- **Os segundos servos**: símbolo dos Sentimentos Essenciais da Vida, ou seja, as virtudes essenciais.
- **O filho do Pai de família**: símbolo do Cristo interno. Na interpretação de primeiro nível, circunstancial, simboliza Jesus, o Cristo manifesto, e, no segundo nível, o Cristo interno, o Ser Essencial que todos nós somos. Trazemos no

âmago de nosso Ser o Cristo interno, que, em sintonia com o Cristo manifesto, Jesus, Modelo e Guia da Humanidade, nos convida a fazer todo um caminho de busca do sentido e do propósito existencial.

Estes símbolos são as chaves para entendermos a parábola dentro desse contexto mais profundo, intraexistencial.

Nessa parábola, em uma síntese, Jesus elucida com profundidade o grande compromisso do Espírito imortal, que é de evoluir até a perfeição relativa com base no compromisso de desenvolver o seu propósito existencial.

Do ponto de vista consciencial, o símbolo *Pai de família* recebe dois significados. O primeiro trata-se de Deus e todas as suas criaturas (*família*). O outro significado, no que se refere à interpretação psicológica consciencial, o termo *família* simboliza as Leis Divinas. A profunda *família* imutável do Espírito imortal no âmago da consciência são as Leis Divinas. *Família*, nesse contexto, é o símbolo de proximidade, intensa intimidade, e nada é mais próximo do Espírito do que a presença das Leis Divinas ínsitas em si.

O Criador criou a existência, que está simbolizada na *vinha*, e eles, os *vinhateiros*, foram convidados a cuidar da *vinha* (existência). A existência possui um propósito e ínsito no Espírito imortal está a vontade de buscar esse propósito (*Torre*), produzindo sentido existencial (*cavando um lagar*) na existência, com o objetivo de edificar a *torre*, ou seja, o propósito existencial.

Deus criou a vida com um propósito para todos os Seus filhos, cabendo ao Espírito *cavar o lagar*, ou seja, buscar produzir o sentido e *edificar a torre*, ou seja, seguir o próprio propósito existencial dentro do propósito divino para as criaturas.

Sob a ótica da psicologia da consciência, vamos encontrar nos *vinhateiros* um símbolo de complexa interpretação se a visão for exteriormente observada. Na visão intrapsíquica da consciência, os *vinhateiros* não são pessoas propriamente ditas, mas um estado da consciência: a ignorância.

Fomos criados simples e ignorantes e na *vinha da existência* fomos lançados. Quando não trabalhada essa ignorância por meio do desenvolvimento da sabedoria e da Verdade, a tendência da percepção humana é tomar tudo o que é transitório como sendo eterno e imutável. A ignorância foi simbolizada como *vinhateiro homicida* por isso.

A tarefa do Espírito imortal é adquirir conhecimento intelecto-moral para diluir a ignorância até que ela se transmute em sabedoria plena. Quando isso não ocorre, o *vinhateiro* (ignorância) que deveria ser um instrumento bem administrável torna-se aliado à rebeldia que *assassina* a ação do trabalho edificante, apesar de não o aniquilar por completo, devido à sua origem divina.

O termo homicida é por causa da ferocidade da ignorância frente aos servos de Deus que são outros símbolos a serem refletidos. Notemos que, na parábola, o Senhor *arrendou a terra ao vinhateiro*, mas que ela está destinada a ser herança do *filho do Pai de família*. Por que o termo *arrendou*? A ignorância é uma fase transitória da existência do Espírito imortal. Nada há que seja de ordem divina que permaneça na eterna ignorância e nisso falamos da consciência no seu estágio mais primário. Para a ignorância transitória, Deus *arrenda* cada existência corporal para o Espírito, que, alcançando o estado do conhecimento de si mesmo e da capacidade de evoluir com livre-arbítrio, passa a imaginar que o ilusório é real e nem sente o ilusório como ilusão. É o estado da ignorância do não saber, ignorância do não sentir e ignorância do não vivenciar. Por isso, o termo *vinhateiros* no plural.

Agora, reflitamos cada versículo dessa parábola riquíssima.

Um homem, pai de família, havia que plantou uma vinha. Cercou-a com uma sebe, cavou no interior um lagar, edificou uma torre, arrendou a vinha a alguns agricultores e ausentou-se para longe.

Deus (*homem, pai de família*) nos criou para evoluirmos por meio das reencarnações sucessivas (*arrendamento da vinha*). Tudo que usufruímos, até o nosso corpo, em cada reencarnação não é nosso, é patrimônio de Deus. A reencarnação é uma espécie de *arrendamento* desse patrimônio. Ele colocou em nossas consciências as Leis Morais (*família do pai*) para que, por meio delas, possamos ter um código moral para desenvolver virtudes.

Somos Espíritos imortais que, periodicamente, reencarnamos (*arrendou a vinha*) para desenvolver virtudes passando por experiências-desafio, ou seja, provações e expiações próprias da vida corporal em um planeta de expiações e provas, para que possamos gerar experiências-aprendizado (*cercou com a sebe*).

É esse o sentido maior de nossas vidas (*cavou um lagar*). Estamos encarnados para cumprir as Leis Divinas ínsitas em nossas consciências, desenvolvendo as virtudes cristãs. Em linhas gerais, esse é o propósito existencial de todos nós (*edificou uma torre*). Em cada existência, trazemos um propósito específico de exercitar determinadas virtudes, que para nós são mais desafiadoras porque são virtudes que irão transmutar sentimentos egoicos muito arraigados que, muitas vezes, cultuamos em várias existências.

Vejamos como funciona a questão do sentido existencial e do propósito existencial.

Todos nós encarnamos para cumprir um plano existencial, composto de **propósito** e **programa existenciais**.

O plano existencial está diretamente ligado à nossa programação reencarnatória. Está relacionado ao cumprimento das Leis Divinas em nossas consciências e à prática das virtudes que é a maneira que as cumprimos. Todos trazemos uma ou duas virtudes principais a serem desenvolvidas quando reencarnamos.

O **programa existencial** é todo preparado para que possamos desenvolvê-lo. A seguir, estudaremos o significado do programa existencial que trazemos ao reencarnar na Terra por meio de uma questão de *O Livro dos Espíritos* e de uma síntese didática da mensagem "Contratos Espirituais", extraída do livro *Dias Felizes,* do Espírito Honório, psicografia de Afro Stefanini II (Editora Espiritizar).

Iniciaremos os nossos estudos pela questão 393 de *O Livro dos Espíritos*:

> Como pode o homem ser responsável por atos e resgatar faltas de que se não lembra? Como pode aproveitar das experiências de vidas de que se esqueceu? Concebe-se que as atribulações da existência lhe servissem de lição se recordasse do que as tenha podido ocasionar desde que porém disso não se recorda, cada existência é, para ele, como se fosse a primeira e eis que então está sempre a recomeçar. Como conciliar isto com a justiça de Deus?
>
> "Em cada nova existência, o homem dispõe de mais inteligência e melhor pode distinguir o bem do mal. Onde o seu mérito se se lembrasse de todo o passado? Quando o Espírito volta à vida anterior (a vida espírita), diante dos olhos se lhe estende toda a sua vida pretérita. Vê as faltas que cometeu e que deram causa ao seu sofrer, assim como de que modo as teria evitado. Reconhece justa a situação em que se acha e busca então uma existência capaz de reparar a que vem de transcorrer. Escolhe provas análogas às de que não soube aproveitar, ou as lutas que considere apropriadas ao seu adiantamento e pede a Espíritos que lhe são superiores que o ajudem na nova empresa que sobre si toma, ciente de que o Espírito, que lhe for dado por guia nessa outra existência, se esforçará pelo levar a reparar suas faltas, dando-lhe uma espécie de *intuição* das em que incorreu. Tendes essa intuição no pensamento, no desejo criminoso que frequentemente vos assalta e a que instintivamente resistis, atribuindo, as mais das vezes, essa resistência aos princípios que recebestes de vossos pais, quando é a voz da consciência que vos fala. Essa voz, que é a lembrança do passado, vos adverte para não recairdes nas faltas de que já vos fizestes culpados. Em a nova existência, se sofre com coragem aquelas provas e resiste, o Espírito se eleva e ascende na hierarquia dos Espíritos, ao voltar para o meio deles."

A pergunta do Codificador é muito significativa, pois trata das responsabilidades daquilo que fizemos, porque em tese a Lei de Justiça não pode ser aplicada se não há responsabilidade sobre o ato praticado. Somente há como se fazer justiça quando a pessoa tem como se responsabilizar sobre as consequências. É assim que a lei humana procede e Kardec traz esse conceito na pergunta.

A resposta que os Benfeitores da Humanidade oferecem é muito elucidativa, pois abordam que em cada nova existência *o homem dispõe de mais inteligência e melhor pode distinguir o bem do mal*. Que virtude é essa que nos faz distinguir o bem do mal? O discernimento. Essa capacidade que o ser humano adquire a cada existência não se trata apenas das inteligências cognitiva e emocional, mas, principalmente, da inteligência consciencial, aquela em que o Espírito vai gradualmente adquirindo o conhecimento da Verdade, trabalhando, por meio da vontade, os seus pensamentos e sentimentos, tornando-os mais condizentes com as Leis de Deus.

Como funciona a Lei do Esquecimento? Primeiramente, é uma proteção para o Espírito, pois seria insuportável a vida se lembrássemos de todos os desmandos que realizamos em nosso passado. Outra questão importante é o mérito. Por isso, os Benfeitores questionam: *Onde o seu mérito se se lembrasse de todo passado?*

Não há mérito, essencialmente, em lembrarmos das várias circunstâncias da vida em existências anteriores, bem como da atual. Há mérito naquilo que nós aprendemos com as circunstâncias da vida. Lembrar das várias circunstâncias da vida é apenas cognitivo. Tem a ver com memória. Já o que aprendemos com as circunstâncias da vida é consciencial e é isso que conta na evolução.

O que é fundamental é se as provas pelas quais passamos nos promoveram a inteligência consciencial enquanto Espíritos imortais que somos. Ao passar pelas experiências, tornamo-nos pessoas melhores ou não? É isso que é essencial, porque, como diz a resposta, nós escolhemos provas análogas àquelas em que não soubemos aproveitar e temos a **intuição** de que aquilo que estamos passando é justo.

Quando temos o sentimento de abandono, um sentimento de desamparo, ao passar pelas provas análogas, e não trabalharmos pela superação desse sentimento, entregando-nos à onipotência, onisciência e onipresença divinas, cumprindo as Leis, desenvolvendo as virtudes que não soubemos ou não quisemos desenvolver no passado, ampliamos esse sentimento de abandono, e iremos nos aprofundar em um sentimento de injustiça por aquilo que estamos passando, produzindo uma ingratidão com relação aos desígnios divinos, cuja Vontade suprema só quer a nossa felicidade.

Teremos sempre o auxílio de nosso Guia Espiritual para superar as nossas dificuldades e limitações, caso escolhamos o caminho consciencial de nos entregar ao bem, e teremos como recompensa a ascensão na hierarquia dos Espíritos.

Estudemos agora a síntese didática da mensagem "Contratos Espirituais", cujo conteúdo está em plena sintonia com a questão 393:

> Os compromissos assumidos perante a própria consciência são contratos espirituais de importância verdadeiramente grave para todo Espírito imortal que transita pela vilegiatura carnal.
>
> O acordo realizado entre o Espírito que vai reencarnar e a equipe dos tutores espirituais constitui *contrato existencial* de fundamental seriedade na consciência do indivíduo, por conter todas as tarefas de autoburilamento e reparação em escala de resgate consciencial para consigo mesmo e as demais criaturas envolvidas no plano da vida material do candidato ao reajuste íntimo.

Assim também os que se candidatam a ingressar no plano físico com compromisso doutrinário definido, contribuindo com a espiritualização da Humanidade no contexto da Doutrina Espírita ou demais religiões, com o compromisso de levar aos homens e mulheres o direcionamento lúcido e esclarecedor da mensagem de Jesus na Terra.

Para os que aceitam a tarefa doutrinária na Terra (indivíduos com compromisso doutrinário definido estão entre os muitos que, já ingressados na fileira da religião em épocas transatas, se equivocaram gravemente uns ou colaboraram vivamente outros, sendo a segunda opção uma quantidade bem modesta ainda), há uma equipe multidisciplinar constituída para auxiliar os futuros reencarnados no grave compromisso moral entre os homens e mulheres do plano físico.

Quem são os Orientadores Espirituais que fazem parte da equipe multidisciplinar?

Exegetas sábios;

Líderes experientes na arte de conduzir fielmente o pensamento do Cristo esclarecendo com profundidade o significado das passagens bíblicas e outras denominações do pensamento religioso;

Historiadores cônscios e dedicados a reajustar equívocos da interpretação humana dos fatos espirituais ocorridos no plano terrestre;

Espíritos hábeis na arte de esclarecer o propósito da reencarnação são parte da equipe;

Espíritos do Cristianismo primitivo que glorificaram seus passos na senda da renúncia e da abnegação incondicional se fazem presentes em reuniões de apoio moral aos candidatos à vitória do amor nas lides doutrinárias, para que, por meio de suas palestras e convivência exemplar, possam os Espíritos da futura reencarnação compreenderem a necessidade de vivenciar o Evangelho de amor, evitando os dislates das reencarnações anteriores.

Como os Espíritos atuam:

Organizam os Espíritos superiores as reuniões coletivas em profícuos congressos;

Sessões terapêuticas particulares, para que o candidato ao labor doutrinário na Terra possa transmutar as faixas mais vivazes do conflito traumático que ainda guarda na alma como efeito dos equívocos cometidos ou das atrocidades que sofreu em nome da religião;

Matriculado na *programação reencarnatória,* o Espírito possui uma rotina de estudo e trabalho fundamental para o fortalecimento de seus propósitos, sedimentando ao máximo os ensinos recebidos na própria alma e buscando cultivar os sentimentos nobres, pois sabe que as influências da matéria e a Lei do Esquecimento são desafios a superar com dedicado esforço, já que tudo de bom que colocará em prática na Terra será resultado de suas escolhas lucidamente aceitas antes do renascimento.

Ocupe-se o Espírito reencarnado em auscultar a própria consciência e perceberá as nuanças da *programação reencarnatória,* convocando-o ao cumprimento dos deveres assumidos. Não se faz necessário conhecer detalhes e informações impressionantes para ouvir em si mesmo as orientações recebidas antes do retorno à vida corporal. Aliás, raramente esses casos acontecem.

A reflexão proporcionada pelo Mentor Honório é muito significativa, abordando o programa existencial que estabelecemos antes de reencarnar, com toda a preparação, para que possamos trilhar os caminhos de uma encarnação exitosa, cumprindo com fidelidade os deveres assumidos.

O Mentor nos diz que somos preparados por exegetas sábios. O que é um exegeta? É aquele que interpreta as escrituras. Esses exegetas sábios nos prepararam para que possamos compreender os Códigos Morais do Evangelho de Jesus para sentir as lições do Mestre em nossos corações e vivenciá-las.

Também fazem parte da equipe *líderes experientes* que nos preparam para sermos líderes fiéis ao pensamento do Cristo nas atividades que teremos.

Temos também os historiadores cônscios que estudam a história da Humanidade no seu verdadeiro aspecto para esclarecer-nos sobre os fatos espirituais e possamos ter uma visão clara dos fatos.

Somos esclarecidos por Espíritos hábeis sobre o propósito da reencarnação para que não a usemos apenas para cultuar os prazeres egoicos e possamos utilizá-la para o trabalho útil da nossa transformação moral.

Espíritos que trilharam os caminhos do Cristianismo na primeira hora vêm nos ensinar a praticar a *renúncia* e *abnegação incondicional*, para que possamos exercitar essas virtudes amorosas, de modo a evitar os desatinos cometidos em outras oportunidades em que fomos chamados a servir na Seara de Jesus.

O Espírito Honório refere-se às várias formas que esses Espíritos trabalham, preparando-nos de acordo com as nossas necessidades. Elucida ainda que *tudo de bom que* colocaremos *em prática na Terra será resultado de nossas escolhas lucidamente aceitas antes do renascimento.*

E conclui com uma orientação muito significativa: *Ocupe-se o Espírito reencarnado em auscultar a própria consciência e perceberá as nuances da programação reencarnatória convocando-o ao cumprimento dos deveres assumidos.*

Como os Benfeitores respondem na questão 393 de *O Livro dos Espíritos,* estudada acima, trazemos a intuição de nossos compromissos firmados antes de reencarnar. Para nos conectar com essas escolhas, somos convidados a ouvir as vozes-alerta de nossas consciências, bem como a refletir sobre as intuições que recebemos de nossos Mentores espirituais, que conhecem minuciosamente o nosso **programa existencial** elaborado antes de reencarnarmos.

Além de toda preparação prévia a que o Mentor Honório se refere na mensagem estudada, acontece todo o amparo, que é realizado pelos Benfeitores espirituais, especialmente durante o sono do corpo físico, em desdobramentos específicos para relembrar ao tarefeiro os compromissos assumidos.

Reflitamos, a seguir, sobre o atendimento ao médium Edmundo, relatado no capítulo 18 do livro *Tormentos da Obsessão*, de Manoel Philomeno de Miranda. O médium estava enveredando por caminhos equivocados, distanciado das promessas realizadas em seu contrato espiritual.

Inicialmente, estudaremos uma orientação de Eurípedes Barsanulfo sobre o nosso programa existencial antes de virmos à reencarnação:

> Antes da viagem à reencarnação, ainda lúcido, o candidato promete fidelidade e devotamento, sintonia com os Amigos espirituais que ficaram na Erraticidade para os ajudar na desincumbência do dever. Logo, porém, que o corpo ensombra a lucidez espiritual, diminuindo-a, os impositivos da matéria passam a predominar no ser em recomeço, não poucas vezes afastando-o do caminho traçado. Eis porque o Espiritismo, representando o retorno de Jesus à Terra através de O Consolador, desempenha a missão sublime de despertar as consciências adormecidas, facultando o intercâmbio direto com o mundo de origem, onde se haurem as energias indispensáveis ao cumprimento da tarefa e se dispõem das lembranças para o prosseguimento dos compromissos.

> [...] a reencarnação é sempre um grande desafio, especialmente para aquele que deseja realizar a meritória obra de espiritualização dos homens, a começar por si mesmo. São muitos os impedimentos naturais que se levantam nessas ocasiões, tentando embaraçar ou dificultar a execução do programa delineado.

Como adverte Eurípedes Barsanulfo, a reencarnação é um grande desafio especialmente para os que têm uma tarefa de autoespiritualização. Isso acontece porque são poucos aqueles que estão conscientes que devem viver como Espíritos imortais, momentaneamente reencarnados. Como o Mentor esclarece, *os impositivos da matéria passam a predominar no ser em recomeço, não poucas vezes afastando-o do caminho traçado.*

Continuemos com a orientação de Eurípedes Barsanulfo:

> O carreiro carnal é sempre uma experiência de alto risco para quem deseja atingir as cumeadas da montanha das bem-aventuranças. Recordando-nos do Mestre, constataremos que Ele venceu os três montes que O desafiaram:

> - O Tabor, onde se transfigurou esplendente de beleza diante de Moisés e Elias, que vieram reverenciá-lO, bem como dos discípulos que ainda não tinham dimensão da Sua grandeza. Foi o monte da comunhão espiritual no seu sentido mais elevado;

> - O outro foi aquele no qual Ele cantou as bem-aventuranças, revolucionando os códigos de ética, de economia e de moral vigentes na sociedade, abrindo horizontes novos para o entendimento dos valores espirituais;

> - E, por fim, o Gólgota, onde, aparentemente vencido, triunfou, imortal, colocando a ponte para a perpétua comunhão de todas as criaturas com o Pai.

> No primeiro, Ele desvelou-Se, no segundo estabeleceu as diretrizes do amor, e, no terceiro, viveu todos os ensinamentos que enunciou.

> O Espírito reencarnado em tarefa libertadora sempre será chamado ao testemunho nos montes onde problemas equivalentes o aguardam:

> - no primeiro, deve dar a conhecer o objetivo a que se dedicará;

> - no segundo, cabe-lhe traçar as linhas de comportamento que adotará;

> - e, no terceiro, vivê-las até o momento final com equilíbrio e abnegação.

> Não é demasiado, porque nunca faltará o apoio indispensável ao êxito, que procede do mundo espiritual vigilante e

ativo. Eis porque, iniciada a tarefa na seara, ninguém deve olhar para trás.

Somente poderemos sair exitosos por intermédio do cumprimento das Leis Divinas presentes em nossa consciência e pela prática das virtudes, especialmente a abnegação a que se reporta Eurípedes, que nos permite viver com equilíbrio, dando o melhor de nós mesmos para construir um mundo melhor, a começar pela nossa própria autoiluminação.

Agora, estudaremos o atendimento ao médium Edmundo:

Reunimo-nos aqui, neste momento, para receber um querido companheiro que se encontra nas sombras terrestres com tarefa muito bem programada, mas caminha a largos passos para a loucura das paixões humanas que ora se entrega. Telementalizado pelos adversários do seu progresso, bem como por sistemáticos inimigos da libertação das mentes humanas das chagas obsessivas, deveremos convidar o companheiro a reflexões acuradas e, mais uma vez, tentar dissuadi-lo dos objetivos vãos que está abraçando com louca sofreguidão, procurando na Terra o prazer e o engodo, a fama e a popularidade, esquecendo-se de Jesus, que vai passando para segundo plano, ou pior, que se torna instrumento de atração para os seus torpes desejos de sensações. Quando se está muito preocupado com a própria promoção, esquece-se da razão do trabalho, que passa a lugar secundário. Como a existência física é muito breve e logo se acaba, o iludido desperta no abismo do arrependimento tardio, assinalado pelos sofrimentos demorados.

Aguardemos, portanto, Edmundo, o servidor em perigo.

Nesse comenos, um grupo de amigos espirituais deu entrada no recinto trazendo Edmundo adormecido, que foi colocado em uma cadeira confortável e acolhedora.

Pude observar que se tratava de um jovem que ainda não completara quarenta janeiros. O seu era um sono inquieto, que demonstrava desalinho interior. Embora a aparência agradável, o corpo perispiritual apresentava-se com estranhas exteriorizações vibratórias, particularmente nos centros coronário e genésico. Emitiam ondas de cores quentes, intermitentes, denunciando comprometimento dos fulcros geradores de energia. Continuando a observação com mais cuidado, percebi-lhe dilacerações no campo modelador biológico de procedência inferior, que iriam manifestar-se posteriormente no corpo somático. No centro cerebral estava instalada a matriz obsessiva, o que também se apresentava no aparelho sexual. Certamente, os *plugues* de ligação haviam sido deslindados magneticamente naquele momento pelos assistentes que o trouxeram para o encontro especial.

[...]

Saudamo-lo mui cordialmente em nome de Jesus, a quem servimos. Aqui nos reunimos e o recebemos carinhosamente com o objetivo de recordá-lo que esta não é uma viagem de recreação espiritual ou de compensação emocional. Objetivamos, isto sim, acordá-lo para o cumprimento digno das responsabilidades assumidas antes do berço e que, neste momento, encontram-se em grave perigo para a sua concretização.

[...]

– Você partiu desta Colônia com um programa de ação espiritual muito bem delineado, no qual foram investidos muitos valores, e o atendeu por bom período da existência física. Abeberando-se na inexaurível fonte do Espiritismo, saciou a sede de informações e despertou para a tarefa que deveria realizar. A mediunidade franqueou-lhe o acesso à Espiritualidade, que jamais deixou de regatear-lhe auxílio e apoio. Agora, quando a notoriedade o alcança, facultando-lhe ensejo para ampliar o campo de serviço e dedicação a Jesus e à Sua Doutrina, você começa a comprometer-se com a frivolidade e o mundanismo.

"Entendemos que esses adversários já se lhe encontram fixados no Espírito, responsáveis que foram por mais de um insucesso em existências anteriores. Todavia, esta é a sua oportunidade feliz para servir ao Senhor, e não para dele servir-se, como vem fazendo, repetindo a insânia para a qual recebeu altas dosagens de energia libertadora. A mediunidade ostensiva é compromisso muito grave de consequências relevantes, que não pode ser utilizada mediante a irreverência e o despautério.

"Não lhe deve ser vão o conhecimento espiritual para o transformar em espetáculo circense, que lhe exalta o personalismo doentio em detrimento da austeridade e da consciência de dever que lhe cumpre atender. O investimento dos bons Espíritos está sendo malbaratado, enquanto a futilidade e a presunção assumem prioridade no seu comportamento."

Ante o aturdimento de Edmundo, o Benfeitor continuou:

– Iremos recordá-lo dos compromissos a que você se vinculou e os vem desrespeitando sob induções de Espíritos vulgares, que ora se lhe associam à conduta mental e social, apoiados nas suas preferências transatas...

Olhando a senhora Modesto, a nobre médium **desenrolou um pergaminho que trazia nas mãos** e, com voz pausada, leu o **programa que fora traçado por solicitação do medianeiro e sua anuência jubilosa a algumas propostas que haviam sido apresentadas pelos seus Guias espirituais.**

Eu me encontrava pasmado. Era a primeira vez que via uma atividade dessa natureza, mediante a exibição de um relatório no qual estavam arquivadas as responsabilidades de alguém comprometido perante as soberanas leis.

A voz melódica da senhora parecia derramar pérolas luminosas que eram os deveres que assinalariam a experiência do companheiro reencarnado.

– Você prometeu – prosseguiu com a leitura do documento – **canalizar para Jesus e Sua Doutrina quaisquer homenagens e triunfos que lhe chegassem. Aceitou servir e passar**, lutando contra as tendências inferiores; superar o cerco da bajulação e reconhecer que a faculdade mediúnica não é propriedade pessoal, mas empréstimo superior, a fim de dignificá-la. **Você pediu a solidão**, para **recolher-se nos braços amorosos do Mestre**; rogou o **convívio com os sofredores**, a fim de **enxugar-lhes as lágrimas através das bênçãos da mediunidade**; suplicou a **simplicidade de coração**, de forma que pudesse **entesourar paz**; empenhou-se para que a sua fosse a **família universal**, e todo esse **seu esforço deveria ser direcionado para a iluminação de consciências**, considerando o século como oportunidade de crescimento e não de usança desarvorada...

Por alguns minutos a médium vitoriosa repassou as informações contidas no pergaminho em luz, até concluí-lo.

Silenciando, Eurípedes perguntou-lhe com tristeza na voz:

– Que tem o querido irmão feito da fé renovada? Como se tem utilizado dos recursos mediúnicos, ora movimentados por forças inferiores? Como se encoraja a tentar unir César e Jesus no mesmo recipiente de prazer e proclamar que a vida deve ser fruída sem qualquer desvio das suas concessões?

Outras interrogações foram apresentadas com amor e severidade, a fim de que ficassem impressos na memória espiritual todos os acontecimentos daquela noite incomparável.

– Somando-se a esses desatinos de comportamento moral e psicológico – prosseguiu o nobre Mentor – advertimo-lo que os Mensageiros que o amparam têm encontrado dificuldades para manter o contato psíquico, porque os seus centros de captação mediúnica estão sintonizados com as faixas de baixa frequência que decorrem das suas aspirações ocupadas por ativistas infelizes. A mente do médium deve sempre estar vinculada aos ideais de enobrecimento, impedindo, desse modo, a interferência dos Espíritos vulgares, que se comprazem na ilusão, estimulando conduta equivocada, para mais estreitarem a comunhão psíquica com aqueles que os albergam no mundo íntimo. Nunca faltam recursos preciosos para a preservação da saúde interior, tais: a oração, as leituras edificantes, o trabalho de socorro fraternal, tanto quanto o social que diz respeito aos valores existenciais, a meditação, o espairecimento sadio, a conversação edificante, o intercâmbio de pensamentos elevados... Somente dessa forma, é possível preservar o psiquismo das incursões desastrosas, propiciadas pelos servidores das paixões subalternas. Nesse sentido, o caro irmão tem-se permitido à cultura da ociosidade espiritual, negligenciando os deveres, para ter tempo de entregar-se ao culto da personalidade e ao prazer nas rodas elegantes do anedotário picante e vulgar, tanto quanto da exibição de valores que estão longe de ser legítimos... Para onde pretende direcionar os passos? Que tem feito dos tesouros mediúnicos que deveriam ser aplicados para enxugar lágrimas e diminuir aflições? Onde o devotamento à causa do Bem? A simples presença nas reuniões que propiciam a exaltação do ego, nas quais a chocarrice e a insensatez campeiam, somente traz maior contingente de responsabilidade não atendida. Torna-se urgente que faça uma avaliação de conduta, a fim de retomar a charrua sem olhar para trás. Fracasso, hoje, significa compromisso adiado para mais tarde, com aumento de graves deveres.

"Este nosso reencontro deve facultar-lhe a **despertar da consciência e a visão real do compromisso com o corpo efêmero**. Não negamos a contribuição da psicanálise, a que recorreu para elucidação dos enigmas que dizem respeito ao sexo e aos conflitos que dele se derivam. Todavia, convém considerar que o ser não se origina no momento da concepção fetal. A sua carga genética é desenhada antes desse instante, através do qual o Espírito mergulha no fenômeno carnal... As heranças morais se delineiam como futuros compromissos a serem resgatados, necessitando mais de seriedade moral na conduta do que *placebos psicológicos,* que contribuem para aparente melhora, mas não resolvem em profundidade o problema das responsabilidades assumidas, que ressurgirão em outras expressões. Você solicitou determinadas inibições de natureza sexual, a fim de dedicar-se mais ao amor desinteressado de paixões, à convivência com os sofredores, compreendendo-lhes os transes por que passam, a renúncia de alguns prazeres, de modo a oferecer maior contributo aos labores espirituais... Ademais, tornando--se visível o seu trabalho espírita, não lhe cabe o direito de desnudar os próprios conflitos e apresentar soluções equivocadas, que irão servir de modelo para outros corações atormentados, que buscarão a fuga ao invés do enfrentamento libertador.

"Ninguém se evade do dever sem mais graves consequências. A reencarnação é bênção que faculta a reparação dos erros e propicia o crescimento moral mediante o dever retamente exercido. A tarefa, que você escolheu, põe-no em contato com antigos companheiros de alucinação, hoje desencarnados, que ora se manifestam para demonstrar a sobrevivência, não obstante permaneçam alguns em estado de perturbação e desar, deixando sequelas vibratórias no seu campo mediúnico... Para uma saudável vivência espiritual, torna-se imprescindível que a sua estrutura moral seja bem definida, no que diz respeito à elevação de pensamentos e nobreza dos atos". (grifos nossos)

As advertências de Eurípedes Barsanulfo ao médium Edmundo são muito claras, constituindo-se em recurso muito significativo para nos relembrar do contrato espiritual. Todos aqueles que estão reencarnados na Terra com compromissos específicos têm um pergaminho semelhante na dimensão espiritual, no qual está lavrado o **programa existencial**, bem como as promessas que fizeram de fidelidade ao bem.

Não há espaço para tentar servir a dois senhores: as questões frívolas do mundo e as espirituais ao mesmo tempo. A maioria de nós veio de experiências sensualistas no passado, e somos convidados a ressignificá-las, voltando-nos com todas as nossas forças ao bem de nós mesmos e do próximo, vivendo como Espíritos imortais momentaneamente reencarnados.

Percebamos que o nível de autoengano de Edmundo é muito grande, pois, apesar de ser médium conhecedor da realidade espiritual, ele buscou uma terapia de cunho materialista, como a psicanálise, para ter como sugestão do terapeuta a prática sexual descompromissada, conforme ele gostaria de ter. Uma pessoa que tem conflitos na área sexual e que busca a psicanálise quer ouvir certas "verdades" que gostaria de vivenciar e que com o aval da "ciência" se entrega a tudo que tem "direito", em um processo sensualista, como se pudesse servir a dois senhores. Foi exatamente o que o Edmundo fez.

Eurípedes Barsanulfo adverte que: *Toda vez que fugirmos do dever, as consequências serão muito graves para as nossas vidas.* Edmundo entrou em um *despropósito* de vida, pois não é possível anular o nosso plano existencial, composto de programa e propósito existenciais, porque o trazemos gravado em nossa consciência. Podemos não realizá-lo entrando nesse despropósito, conforme veremos a seguir, a partir de orientações do Mentor Honório, extraídas do livro *Dias Felizes*, psicografia do médium Afro Stefanini II, Editora Espiritizar, da mensagem "O Principal Propósito":

> *Pois que aproveita ao homem ganhar o mundo inteiro, se perder a sua alma? Ou que dará o homem em recompensa da sua alma?*
> Mateus, 16:26

Avolumam-se na Terra as almas que campeiam a esmo sem propósito de vida nestes dias de grave transição.

[...]

Pululam esses indivíduos em intensas expectativas de serenidade e paz, mas se mantêm em inércia moral solicitando privilégios do Alto, quando se dizem espiritualizados, ou rogam bênçãos miraculosas, quando se dizem religiosos, ou praguejam contra os sistemas de crença, quando no materialismo pessimista e destruidor.

O resultado do movimento egocêntrico interno é a imensa ausência de propósito existencial, levando o Ser Espiritual ao extremo, que é o *despropósito de vida*, em que todo movimento e busca do Espírito imortal se fixa em desconsiderar as Leis amorosas de Deus na vã tentativa de afrontá-las.

O magno questionamento do Mestre Jesus elucida em profundidade a questão do propósito existencial para oportunizar a conquista essencial.

Quando o Espírito se descobre como ser imortal, encontra o sentido da vida em sua dimensão infinita, e todas as conquistas que ele venha a lograr estão conectadas, em primeiro plano, com esse propósito essencial.

As buscas superficiais que levam tantas criaturas aos prazeres efêmeros, em declarado desvio da programação existencial, já não atingem o Espírito imortal maduro que se fortaleceu em seu propósito, pois ele não mais se identifica com a superficialidade que não expressa sentido de vida em sua consciência.

A partir do encontro essencial do Espírito com a expressão máxima do sentido existencial no imo da própria consciência, todas as conquistas vertem a sua direção para o aprofundamento desse propósito, plenificando o Ser Espiritual de entusiasmo e fé, facultando desdobrar-se em comportamentos saudáveis e buscas nobres no aproveitamento de cada segundo, conquistando o mundo íntimo ao invés das posses exteriores.

Todo Espírito consciencial que se entregou à vitória íntima do propósito existencial está fadado a conquistar o mundo interior sem se *perder* nas armadilhas do ego na alma, contribuindo com a elevação da coletividade onde se situe.

Na história da Humanidade, os grandes Espíritos de amor se fizeram pequeninos para as conquistas do mundo e, no entanto, modificaram os parâmetros das consciências por se manterem fiéis a ela nas convicções espirituais de que o amor é sempre a marca da vitória real sobre todas as injustiças.

O que houve de extraordinário na história desses Espíritos luminares não foi a vida que tiveram, mas o que realizaram na própria vida íntima, moral, consciencial, transformando, por consequência, os caminhos elegidos que iluminaram suas histórias de vida.

A sanha do egoísmo deseja conquistar as coisas para, ilusoriamente, preencher a vida de coisa alguma, mas a sabedoria do amor faz o Ser Espiritual perder a própria vida do ego para conquistar-se a si mesmo.

Conquistadores das ilusões efêmeras, de certa forma, somos quase todos nós, porque a crença falsa da vitória estava calcada no combate pelas posses. Hoje, porém, o domínio é silencioso e íntimo, convidando os interessados de alma sincera à imutável conquista da presença do amor em definitivo no próprio coração.

Em suas orientações, o Mentor Honório adverte, baseado na orientação de Jesus sobre os ganhos do mundo, que a ausência de um propósito e sentido existencial em um processo de desconexão com o plano existencial faz com que o ser entre no *despropósito de vida, em que todo movimento e busca do Espírito imortal se fixa em desconsiderar as Leis amorosas de Deus na vã tentativa de afrontá-las.*

Em vez da sintonia e identificação com as Leis Divinas na consciência e no esforço para desenvolver as virtudes que nos fazem amá-las e cumpri-las, proporcionando-nos a felicidade, o Espírito entra em dissintonia com o propósito existencial, afrontando-as. Trata-se de uma vã tentativa, pois não se foge das Leis Divinas, uma vez que os efeitos dessa fuga será o sofrimento que trará o Espírito de volta quando se cansar de sofrer.

Estudaremos, a seguir, a mensagem "O Sentido Existencial", do mesmo livro, que também aborda o cumprimento do propósito existencial como uma necessidade do Espírito encarnado:

> *Vós sois o sal da terra; e se o sal for insípido, com que se há de salgar? Para nada mais presta senão para se lançar fora, e ser pisado pelos homens.*
> Mateus, 5:13

O ser humano, em sua tríade psíquica – pensamento, sentimento e vontade –, é convidado a equilibrar os seus potenciais da alma mediante esforços ininterruptos de *perseverança emocional* na senda da autorrealização que facultará o transbordar do verdadeiro bem-estar com as emoções saudáveis e plenamente equilibradas.

Em sua estrutura psicológica, não devemos olvidar que o ser humano recebe as influências do meio em que vive como reforço daquilo que jaz em seu íntimo psicológico, mas que de maneira alguma significa absoluta força dominadora nos rumos de suas escolhas.

Todo ser humano, enquanto Espírito imortal que é, está em realidade pleno de condições para considerar as questões da vida material a partir dos propósitos espirituais, dependendo, para isso, de que a vontade esteja vinculada à busca pela Verdade,

102

sem as amarras do preconceito que apenas reforçam o quinhão da ignorância na alma.

Quando o Espírito imortal inicia seu movimento interno de libertação das influências da matéria por meio do pensamento espiritualizado, ainda poderá estar sujeito a distorcer as experiências superiores do pensamento lúcido com os sofismas da paixão que entorpecem os conceitos transcendentes, levando muitos dos que se dizem espiritualistas à queda sutil, afastando-se do propósito existencial, em escolhas superficiais e destituídas de crescimento espiritual.

A melhor metodologia quanto a isso é mergulhar na profundidade dos sentimentos e reconhecer as reais intenções que motivaram os pensamentos a se desviarem do bom-senso e da profundidade dos primeiros tempos de compromisso assumido consigo mesmo.

Em seguida é fundamental buscar direcionar-se e intensificar-se na força de vontade, para que o encontro com a Verdade na alma se concretize de maneira profunda e permanente no qual haverá, a partir disso, a entrega às Leis Divinas Naturais, que serão as professoras da alma conduzindo o Espírito imortal a todo instante na jornada do autoaperfeiçoamento.

Todo Espírito imortal tem como necessidade primeira e essencial a construção do seu propósito existencial, para que a vida moral e emocional do ser humano tenha um sentido psicológico profundo ativando todas as potências da alma. Para evoluírem em direção a este propósito imortal, que levará o indivíduo ao chamado sentido existencial, que na passagem bíblica é registrada com a simbologia do *sal*.

Todas as conquistas da alma humana têm suas raízes no propósito de descobrir o porquê da existência dos seres, ainda mesmo aquelas pessoas eminentemente ditas materialistas, pois, no fundo da alma, todos os seres humanos que buscam preencher o mundo das magnificências da arte, da filosofia, da ciência, da tecnologia ou das tristes forças bélicas estão buscando, ao seu modo, encontrar o sentido da vida. Isso se dá mesmo entre os dominadores tiranos e suas guerras inconcebíveis, pois em toda tentativa de domínio existe uma angústia existencial, da qual a causa profunda é uma vontade de compreender e dominar a vida.

Modificando os propósitos e priorizando a busca pela causa de todos os conflitos da alma, ao invés de buscarmos os efeitos, reconheceremos que a felicidade relativa dos seres humanos somente será absolutamente possível se o foco principal da alma for produzir sentido em tudo o que fizer, pensar e sentir, pois a *mais perfeita alegria do Espírito é produzir sentido existencial para si mesmo* enquanto inteligência relativa do Universo, criada pela Inteligência Universal que tudo preenche de sentido cósmico as suas criações.

Em essência, é o Espírito que produz e traduz sentido nas obras de Deus, sendo ele mesmo uma obra divina com esse desiderato. Se todo senso existencial estiver insípido, em nada do que realize estará cumprindo o propósito existencial, não sendo útil nem para as experiências na Terra e nem como estímulo ao aprendizado em si mesmo.

Essa foi a finalidade profunda da simbologia do "sal da Terra" e do "adubo", no pequeno versículo trinta e cinco de Lucas, no capítulo quatorze.

A fundamental finalidade do Espírito imortal é movimentar a vida com a abundância das conquistas intelecto-morais, produzindo sentido em tudo, mas, para isso, o principal trabalho será sempre o de fazer-se produtor desse sentido na própria vida, para que todas as outras conquistas alcancem um propósito maior.

Somos o "sal da Terra" e a "luz do Mundo", mas, para tanto, o "sal" necessita ser distribuído em porções corretas, e a "luz" necessita ser canalizada para sua finalidade exata, cabendo o esforço realizador da alma em ser, a cada dia, melhor como aprendiz da Vida, para que, pelo próprio trabalho de autoaperfeiçoamento, encontremos o prazer de ser feliz, aprimorando os nossos sentimentos.

Nesta orientação, Honório chama a atenção para as distorções do pensamento lúcido com os sofismas da paixão que entorpecem os conceitos transcendentes, levando muitos a se afastarem do propósito existencial, em escolhas superficiais e destituídas de crescimento espiritual.

Como ensina o Mentor, somos convidados a sermos aprendizes da Vida, canalizando os esforços de nossa vontade para que aprimoremos os nossos sentimentos, desenvolvendo as virtudes essenciais.

Veremos, a seguir, a história de um Espírito que deixou de aproveitar grande parte das oportunidades que a vida lhe concedeu para desenvolver a virtude de seu propósito existencial.

Extraímos essa história do capítulo "Provas de paciência", do livro *Pontos e contos*, de Humberto de Campos, psicografia de Francisco Cândido Xavier:

> Quando se dispôs Leonarda à nova reencarnação, Lucinda, a nobre amiga espiritual que permaneceria na esfera superior, recomendou:
>
> – Leonarda, minha irmã, grandes tesouros tem conseguido você, nos caminhos da vida, e suas aquisições de virtude prosseguem no ritmo desejado. No entanto, sua provisão de paciência é muito escassa. Seu atraso, nesse terreno, é particularmente lamentável, provocando enorme desarmonia no admirável conjunto de suas qualidades pessoais. Faça o possível por elevar o padrão de sua resistência pela intensificação do autodomínio. As realizações do Espírito não são gratuitas. Constituem patrimônio eterno, adquirido a preço alto, em esforço e experiência. Tenha coragem nessa edificação. Quando na Terra, olvidamos frequentemente a real significação do desassombro. Aplaudimos a impulsividade animal, esquecendo a sabedoria da prudência. Agora, porém, minha amiga, felicitadas pelas bênçãos de Jesus, busquemos o entendimento necessário, aprendendo a vencer sem armas visíveis, nos combates silenciosos do coração, no recinto do lar, onde o sacrifício é sempre mais vivo e mais proveitoso. Em voltando presentemente à carne, não olvide que a renúncia é a mestra da paciência.

Leonarda ouvia com interesse, revelando no olhar a preocupação indisfarçável do aprendiz que regressa à escola terrena.

Transcorrida ligeira pausa, a amiga continuou:

– Sabemos que existe alimentação e assimilação, estudo e aproveitamento, dor e renovação. Esgota-se o corpo físico, quando se alimenta e não assimila. Entrega-se o estudante a muitos disparates, quando lê e não medita. Precipita-se a alma em regiões infernais, quando sofre e não recolhe os valores da lição. Lembre-se de semelhantes verdades na Terra. Para nós, que muitas vezes fomos injustas para com o próximo, o melhor método de adquirir a paciência é o de sermos justas para com os outros, sem exigir que outros o sejam para conosco. Essa indicação, aliás, vem de Jesus, desde o processo que o conduziu à crucificação. O Mestre foi sumamente bom para com todos; entretanto, não reclamou qualquer manifestação de justiça para consigo mesmo, nos grandes momentos. E Ele era puro, Leonarda! Não desejo, de modo algum, induzi-la a desconsiderar a retidão. Examino apenas o aproveitamento da oportunidade. Tolo é o doente que despreza o remédio. E, já que somos antigas enfermas, não fujamos à medicação adequada. Tenha cuidado e dê a cada um o que indiscutivelmente lhe pertença. Contudo, se houver atraso na recepção do que lhe couber, não descreia do Equilíbrio divino, valendo-se do ensejo para enriquecer a sua capacidade de resignação para o bem. Isso representa negócio espiritual de grande importância para o futuro. Quanto ao mais, saiba você que estaremos ao seu lado, assistindo-a com amor. De seu concurso, depende a realização.

Leonarda prometeu observância aos conselhos ouvidos, e assumiu compromissos graves e tornou à Terra.

No entanto, apesar dos ajustes havidos, desde criança revelou extrema inquietude e frequente indisciplina.

No fundo, era bondosa e sensível, mas navegava facilmente da calmaria à tormenta.

Chegada à juventude, o plano espiritual convocou-a, pouco a pouco, às provas de paciência de que necessitava.

Leonarda casou-se, mas no aparecimento do primeiro filhinho começaram os serviços mais duros. Cristóvão, o marido, na condição de espiritualista, proporcionava-lhe o melhor quinhão de assistência; no entanto, a companheira parecia surda a todas as advertências alusivas à conformação e à tolerância. Não obstante a sua nobre dignidade de esposa e mãe, descontrolava-se ao primeiro sinal de luta mais forte. Cessada a borrasca doméstica, lavava-se em pranto de arrependimento, reconsiderando atitudes; mas, quantas vezes fosse visitada pela contrariedade ou pela tentação, quantas caía Leonarda em desespero e revolta, em razão da invigilância.

Convertia as moléstias mais simples em fantasmas horríveis e transformava os mínimos dissabores em tragédias comoventes. Dentro de semelhante clima sentimental, os filhos andavam enfermiços, o esposo, inquieto, e a residência, menos cuidada.

Leonarda, conquanto bondosa, não sabia trabalhar nem descansar. No serviço, mantinha-se impaciente; no repouso, vivia atormentada. Agia muito longe da tranquilidade operosa que produz a segurança íntima. O companheiro, por sua vez, não conseguia torná-la em confidente de suas naturais aventuras e questões. Leonarda não sabia como analisar serenamente os problemas. Contrariava sistematicamente tudo o que lhe não proporcionasse bem-estar.

Nas reuniões evangélicas, ouvia importantes preleções sobre humildade e coragem, costumando observar:

– As pessoas infelizes quanto eu não podem ser conformadas.

E, como se a virtude fosse algo insustentável, repetia sempre:

– Muito consoladores são os elementos da fé, mas perco a paciência todos os dias. Se a dor, no entanto, vale alguma coisa para a melhoria da alma, estou sinceramente confortada, porque os meus sofrimentos têm sido infindáveis.

Nessa diretriz prejudicial, atravessou o estágio terrestre.

Sem dúvida, efetuou louváveis aquisições nos sacrifícios do lar; todavia, quanto à resignação, nunca obteve o mais leve traço. Chorou, reclamou, protestou e reagiu, sempre que assediada pelos dissabores comuns. A pior característica em seu caso, porém, é que Leonarda jamais se inquietou com o bem dos outros, mas, sim, com a satisfação de si mesma, incapaz de suportar o menor espinho.

Ao terminar a tarefa terrena, Lucinda esperava-a com a mesma serenidade dos outros tempos.

Abraçaram-se comovidas, logo que a memória de Leonarda recuperou as recordações, permutando os júbilos de amizade sincera.

Depois das primeiras impressões afetuosas, falou a amiga espiritual:

– É lamentável que tenha você demorado tanto tempo na oficina, sem melhorar a obra.

– Como assim? – indagou a interlocutora, assombrada.

– Refiro-me à paciência – comentou Lucinda, carinhosa –; cada vez que a Bondade Infinita aproximava o seu coração do precioso manancial das oportunidades, você recuava apressada, recusando-me o auxílio. Tentei aquinhoar-lhe a senda com inestimáveis recursos educativos, mas, infelizmente...

Espantou-se Leonarda, ao ouvir as inesperadas considerações, e, com inexcedível desencanto, acentuou, triste:

– Que diz? Fui excessivamente provada!...

– Mas não foi aprovada – explicou a amiga, serena.

– Vivi com a pobreza e a dificuldade...

– Entretanto, não as aproveitou convenientemente.

– Experimentei muitas dores...

– Todavia, não guardou os ensinamentos.

– Sofri muito!

– Mas não aprendeu...

E, porque a interlocutora emudecesse desapontada, Lucinda concluiu:

– Você falhou nas provas de paciência que o aprendizado humano lhe ofereceu, mas não desespere de novo... Haverá recurso para recomeçar.

Vemos claramente neste conto de Humberto de Campos que o propósito existencial de Leonarda seria o de **desenvolver a paciência**. A sua Mentora, Lucinda, faz, com a anuência dela, toda a sua programação existencial, mas Leonarda, diante das experiências-desafio que a Vida lhe trouxe para desenvolver a paciência, recusou-as com golpes de rebeldia. Passou pelas provações, mas não foi aprovada, tendo novamente de recomeçar a experiência.

Como saber o nosso propósito existencial? Para isso, é necessário um exercício de autoconhecimento. O primeiro é reconhecer qual o nosso principal sentimento egoico ou vício moral. No caso de Leonarda, na história acima, era a impaciência. Cada um de nós tem uma necessidade nessa área. Há pessoas que trazem insegurança, outras, incredulidade, ou uma culpa intensa, ansiedade, orgulho exacerbado etc.

Para isso, bastará apenas auscultar nossa intimidade por meio de perguntas: *Qual é o meu vício mais arraigado? Qual é a minha limitação mais evidente? Qual é essa limitação que, muitas vezes, tenho até medo de pensar nela, querendo fugir de mim mesmo?*

Após identificar esse vício egoico, devemos nos abrir para as vozes-alerta de nossa consciência e para as intuições de nosso Anjo de Guarda, que nos ajudarão a encontrar a virtude ou as virtudes que sublimam esse vício. Nos exemplos acima, as virtudes são: insegurança – **segurança existencial**; incredulidade – **fé convicta**; culpa – **autoconsciência e autoperdão**; ansiedade – **serenidade**; orgulho – **humildade** etc.

Quando sentirmos qual é a virtude, conectar-nos-emos de uma forma mais intensa com o nosso plano existencial, pois esse é o nosso propósito existencial, ou seja, a virtude mais importante a ser desenvolvida na presente reencarnação nas ações delineadas no programa.

É claro que todos trazemos outros vícios egoicos, mas a cada reencarnação somos convidados a sublimar um deles, conforme vemos na história de Leonarda. Outras virtudes também serão desenvolvidas juntamente com a do propósito, porque elas todas são solidárias, e, quando se desenvolve uma, as demais também são estimuladas, mas o cuidado específico será com aquela que transmuta, diluindo o vício egoico mais arraigado.

A realização do propósito existencial será um convite da Vida em todas as circunstâncias da nossa existência corporal, como orienta o Mentor Honório na mensagem contratos espirituais, estudada anteriormente, em todas as áreas da nossa vida.

Durante a existência, passaremos por inúmeras experiências-desafio, conforme vimos na história de vida de Leonarda, para que possamos desenvolver o propósito existencial.

Reflitamos, a seguir, como podemos lidar com o programa existencial e o propósito existencial, nas várias experiências-desafio e experiências-estímulo que a Vida nos proporciona.

Em um mundo de expiações e provas como o nosso, é impossível viver sem uma série de experiências-desafio, que são as situações desagradáveis resultantes do mau uso de nosso livre-arbítrio, tanto na existência atual quanto em passadas reencarnações. Todas elas são convites a realizarmos experiências-aprendizado, mas que, muitas vezes, recusamos, gerando para nós muitos transtornos.

Distanciados da proposta cristã, tentamos, não raro, fugir dos problemas ou resolvê-los à força. Se nos acomodarmos tentando nos afastar das dificuldades, fugiremos também das soluções. Se tentarmos acabar com os problemas "na marra", rebelando-nos contra eles, gastaremos muita energia em esforços vãos, que não os resolverão. Cedo ou tarde cairemos no cansaço, na desistência, e aí podemos nos acomodar na fuga, para logo voltar a nos rebelar contra a dificuldade, criando um círculo vicioso.

As experiências-desafio que temos não requerem solução coerciva, e não nos é possível fugir delas pela inércia. É imprescindível nos aproximarmos das soluções para resolvê-las de uma forma suave e leve.

A solução dos nossos problemas só é possível se aceitarmos o convite de Jesus para sermos aprendizes, pois, com essa postura, aprendemos em todas as circunstâncias. O aprendiz foca a solução do problema. Quando erra, cria uma questão para ser resolvida. Contudo, não fica chafurdando no problema, na culpa ou na desculpa.

Quando fazemos algo desamoroso, somos convidados a reconhecer de forma responsável que nos equivocamos e, na condição de aprendizes, aprendemos com o erro, realizando uma **conquista-aprendizado**, para, posteriormente, reparar esse erro.

É esse o convite da Vida. Se nos esforçarmos para agir assim, a nossa vida se tornará cada vez mais *suave*, e o fardo a ser carregado, *leve*, porque é da vida que as coisas sejam assim. Deus nos criou simples e ignorantes para aprendermos com os nossos acertos e erros. O **Ser Espiritual** que age com base nessas premissas entra num movimento que chamamos de **pureza de propósitos**.

Na busca pela Verdade, o aprendiz da Vida é convidado a trilhar os caminhos amorosos que Jesus indica, desenvolvendo a pureza de propósitos, com a qual se entrega a um trabalho disciplinado, buscando se iluminar pela Verdade, a partir do desenvolvimento do poder amoroso em relação à vida. Com isso, torna o jugo suave e o fardo, leve.

A pureza de propósitos está focada no processo de autotransformação, a partir do autoconhecimento, resultado do sentimento de autoamor, no qual, após nos arrependermos dos atos de desamor praticados, buscamos focar a nossa vida na direção do amor. Não significa que nos tornamos puros espiritualmente, do ponto de vista moral, pois todos estamos muito distantes dessa meta, mas que estamos buscando, na pureza de propósitos, autoiluminar-nos, purificar-nos.

Nessa busca da pureza de propósitos, começamos a agir em conformidade com a Verdade, e o nosso foco é a autoiluminação. Não mais agimos como alguém que deseja mascarar a realidade. Agimos como quem quer se autoiluminar, desenvolvendo a segurança, o prazer de viver, o poder amoroso manifestado pelo amor a nós mesmos e ao próximo como a nós mesmos.

A pureza de propósitos fortalece o sentimento de aprendiz, no qual encontramos o *descanso para a alma*, a serenidade consciencial, por meio do desenvolvimento gradual das virtudes, libertando-nos dos extremismos da culpa e da desculpa, transmutando gradativamente esses movimentos egoicos que levam a criatura, ao invés de se autotransformar, a se desviar do caminho seguro.

Quem busca a pureza de propósitos não fica focado no movimento de não querer errar nem acredita que o erro faz parte da vida, pois sabe que está na vida com o propósito de aprender, dando o melhor de si para acertar e que, nessa busca, pode errar, responsabilizar-se pelo erro, aprender com ele para depois repará-lo, evitando repeti-lo.

Estudemos, a seguir, três esquemas para entender como esse processo acontece em nosso dia a dia.

Figura 2 – Expectativas egoicas em relação à vida

Inicialmente, estudemos o esquema representado na Figura 2. Todos nós nutrimos expectativas em relação às várias circunstâncias da vida. Antes de reencarnar, quando estamos juntamente com os nossos Mentores, elaborando o nosso plano existencial, essas expectativas são as melhores possíveis, conforme vemos em várias obras da literatura espírita. Prometemos que vamos cumprir todo o nosso contrato espiritual, como o caso de Edmundo, porque pensamos como Espíritos imortais.

Essas expectativas dizem respeito a tudo que acontece em nossas vidas, às várias atividades que efetivamos, à nossa família, às pessoas com que nos relacionaremos, ao trabalho profissional e voluntário que faremos etc.

Para que desenvolvamos as virtudes, é importante que refiltamos a respeito dessas expectativas para buscar nos conectar com as expectativas essenciais em relação à vida.

Apesar de bem-intencionados, nutrimos, não raro, expectativas egoicas em relação à vida. Como isso ocorre? Há uma ausência de sentimento de aprendiz, fazendo com que queiramos prevalecer os próprios desejos e não a Vontade de Deus nas várias circunstâncias que a afetem.

Quando há a prevalência do desejo egoico, ocorre uma tentativa de desrespeito às Leis Divinas.

Junto às expectativas egoicas, nutrimos um movimento de exigência de garantia de satisfação dessas expectativas, resultando em um estado de profunda frustração e ansiedade, porque, quanto mais desejamos que as nossas expectativas sejam atendidas, mais nos distanciamos delas, pois não é exigindo que os desejos egoicos sejam atendidos que iremos cumprir o nosso propósito e programação existenciais.

Podemos agir assim? Sim, uma vez que somos livres para fazer as nossas escolhas, mas não devemos, pois, além de livres para fazer escolhas, a consciência nos convida a desenvolver a virtude do discernimento para fazer boas escolhas, praticando a Lei de Liberdade em conjunto com as Leis de Responsabilidade e do Dever.

Estudemos agora qual é o melhor caminho a seguir:

Figura 3 – Expectativas essenciais em relação à vida

Como vimos, todos nós nutrimos expectativas em relação à vida. Isso é normal e necessário para que tenhamos objetivos existenciais nas várias circunstâncias da vida, cumprindo o programa e o propósito existenciais.

As expectativas são essenciais quando há uma conexão com o sentimento de aprendiz e uma submissão à vontade de Deus, pois todas as experiências-desafio que a Providência Divina nos envia para vivenciar são imprescindíveis para a nossa evolução.

Por exemplo, quando constatamos uma limitação no mundo à nossa volta ou em nós mesmos é porque ela é necessária para o nosso aprendizado como Espírito imortais em evolução.

Somos, nesse momento, convidados à conexão com o sentimento de aprendiz, e com a onipotência, onisciência e onipresença de Deus em nossas vidas, submetendo-nos à Sua Vontade por meio de nossa própria vontade.

Essa postura é plenamente possível de ser desenvolvida em nós, fazendo exercício de quatro virtudes fundamentais, ensinadas pelo Mestre Jesus: amor, sentimento de aprendiz, mansidão e humildade.

O exercício do autoamor, do sentimento de aprendiz, da mansidão e da humildade faz com que nos submetamos cada vez mais à vontade de Deus.

Refletimos desta forma: *Eu posso fazer esforços para superar todas as limitações que surgirem na minha vida, porque é a partir delas que eu aprendo a me tornar uma pessoa cada vez melhor, mais virtuosa.*

Esse tipo de reflexão leva-nos à submissão cada vez mais profunda à vontade de Deus em um processo de amor e respeito às Leis Divinas, porque concluímos que as Leis existem para fazer-nos felizes.

Com isso, podemos nos entregar convictamente à garantia de satisfação das nossas expectativas, pois elas se encontram em sintonia com as Leis de Deus presentes em nossa própria consciência, trazendo como resultado a prática das virtudes necessárias para uma vida de excelente qualidade.

O resultado desse esforço para cumprir as Leis Divinas e desenvolver as virtudes no coração é o desenvolvimento de um estado de gratidão e serenidade decorrentes da realização das expectativas.

Para que esse estado de gratidão aconteça, é essencial exercitar o equilíbrio existencial. Importante é refletir que o equilíbrio não é uma estação de chegada, ou seja, aonde se chega e permanece, mas um movimento que se exercita constantemente.

Vejamos como conseguir isso refletindo sobre a Figura 4:

```
┌─────────────────────────┐   ┌─────────────────────────┐
│  EXPERIÊNCIAS-DESAFIO    │   │  EXPERIÊNCIAS-ESTÍMULO   │
│     (DESAGRADÁVEIS)      │   │      (AGRADÁVEIS)        │
└─────────────────────────┘   └─────────────────────────┘

        ┌─────────────────────────────────┐
        │     EXPERIÊNCIAS-APRENDIZADO     │
        └─────────────────────────────────┘

┌─────────────────────────┐   ┌─────────────────────────┐
│        ACERTOS           │   │         ERROS            │
│   (CONQUISTAS-ÊXITO)     │   │ (CONQUISTAS-APRENDIZADO) │
└─────────────────────────┘   └─────────────────────────┘

   ┌───────────────────────────────────────────┐
   │  CUMPRIR AS LEIS DIVINAS, DESENVOLVENDO AS  │
   │           VIRTUDES ESSENCIAIS –             │
   │        BOA UTILIZAÇÃO DO TEMPO              │
   └───────────────────────────────────────────┘

   ┌───────────────────────────────────────────┐
   │   VIVER EM SERENIDADE CONSCIENCIAL,         │
   │      COM SUAVIDADE E LEVEZA                 │
   └───────────────────────────────────────────┘
```

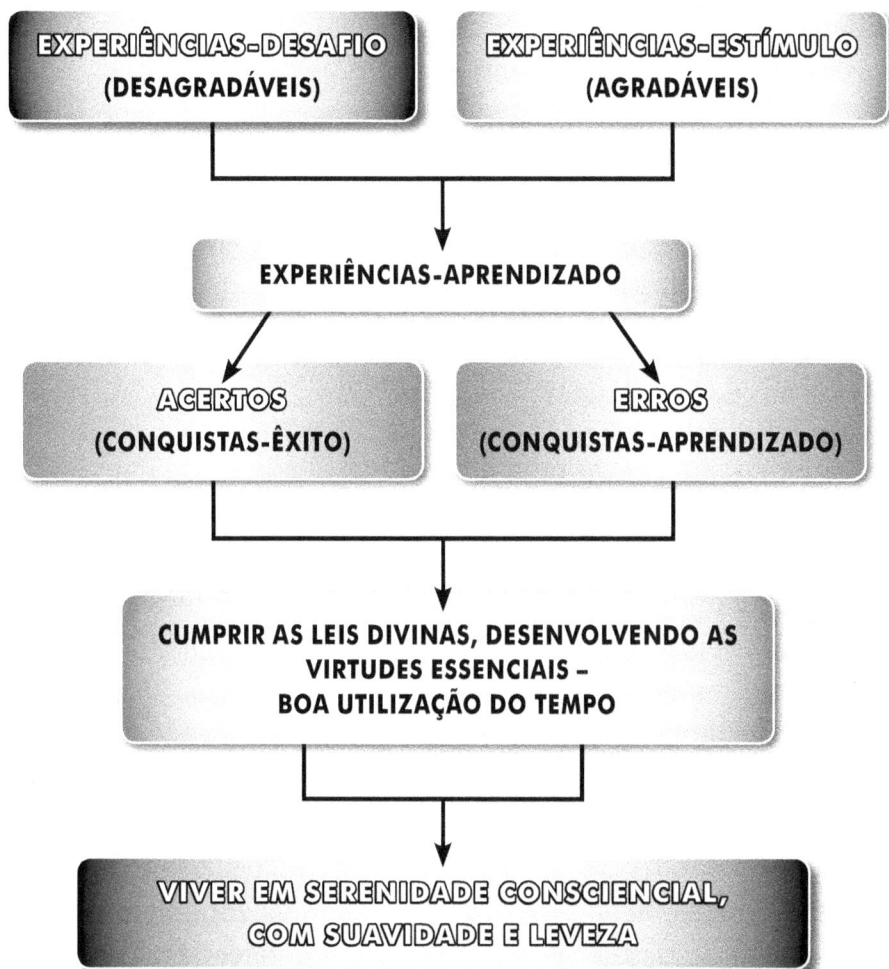

Figura 4 – As experiências em relação à vida

Em um planeta de expiações e provas como o nosso, não é possível viver sem passar por experiências-desafio, ou seja, experiências que desagradam o nosso ego, as quais se manifestam em várias provas expressadas nos relacionamentos com outras pessoas; nas condições físicas do planeta com clima e outras situações hostis; nos sentimentos conflitivos que experimentamos; nas expiações dolorosas provenientes de nosso passado espiritual, enfim, são múltiplas as experiências-desafio, que nos convidam a transmutar o nosso ego, pelo cumprimento das Leis e desenvolvimento das virtudes essenciais da Vida, em um processo de aprendizado constante.

Ao mesmo tempo, experimentamos muitas experiências-estímulo, ou seja, as experiências agradáveis, não do ponto de vista do ego, pois agradável para este é não ter nenhum desafio e tudo acontecer em conformidade com os desejos da pessoa de ter uma vida que lhe agrade os sentidos.

As experiências-estímulo são agradáveis do ponto de vista da Essência Divina que somos, pois nos estimulam à evolução, por exemplo, uma reflexão que um ensinamento de Jesus nos proporciona; uma mensagem de alento que lemos de um Mentor espiritual como Joanna de Ângelis, Emmanuel, Honório etc.; uma palavra amiga de um parente ou amigo, enfim, são também múltiplas as possibilidades de recebermos estímulos para nos conectar com as Leis Divinas em nossas consciências, estimulando-nos à prática das virtudes e ao aprendizado.

Importante também é refletir que as experiências-desafio não deixam de ser estímulos se as observarmos com os olhos de aprendizes da Vida. Ao contrário, se as recebermos egoicamente, produzirão muita revolta, ansiedade, frustrações e outros sentimentos egoicos, pois todas elas nos tiram da zona de conforto psicológico do desejo de ter uma vida agradável egoicamente, ou seja, sem nenhum problema para ser resolvido.

Quanto mais desafiadora é a experiência, mais a Vida nos convida a desenvolver o propósito existencial, exercitando a virtude que transmuta o movimento egoico que somos convidados a transformar.

Diante de cada experiência-desafio ou experiência-estímulo, perguntar-se: *o que a Vida está me convidando a aprender com essa experiência? Que virtudes sou convidado a desenvolver?*

Tanto as experiências-desafio quanto as experiências-estímulo geram experiências-aprendizado para nós, quando estamos conectados com o sentimento de aprendiz.

Alírio de Cerqueira Filho

O aprendizado acontecerá sempre de duas formas, pelos acertos e pelos erros. Quando acertamos, ou seja, cumprimos as Leis Divinas em nossa consciência, exercitando as virtudes, temos uma conquista-êxito. Quando erramos, ou seja, agimos contrariamente às Leis Divinas, desrespeitando-as, recusando, consciente ou subconscientemente, a praticar as virtudes, somos convidados a obter uma conquista-aprendizado, isto é, aprender com o erro, cedo ou tarde, evitando nos culpar de tê-lo cometido, mas assumindo a responsabilidade por ele, em sintonia com as Leis de Liberdade, de Responsabilidade, do Trabalho e do Progresso.

Agindo assim, faremos uma boa utilização do tempo para evoluir, sem *preocupações*, isto é, sem querer antecipar o futuro, ou *pós-ocupações*, lamentando o que passou, estados que somente produzem ansiedade, angústia e inquietude.

Devemos nos *ocupar* com o tempo presente, utilizando-o no esforço de aprendizado. Podemos nos ocupar com o futuro, fazendo planejamentos, que serão realizados, gradativamente, um dia de cada vez. Podemos também nos ocupar com o passado, fazendo avaliações para aprender com ele, sem lamentações pelos erros cometidos, pois isso é contraproducente.

Reflitamos sobre o esquema, a seguir, que ilustra resumidamente como podemos lidar com o programa existencial e o propósito existencial.

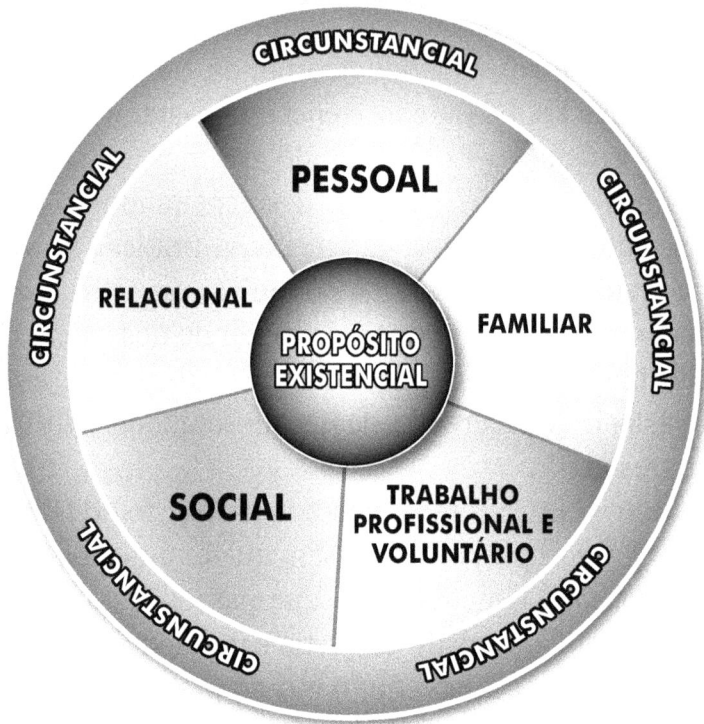

*Figura 5 – O Propósito Existencial e o programa existencial
nas várias circunstâncias da vida*

O programa existencial está relacionado às várias áreas de atuação de nossa vida, como a pessoal, familiar, trabalho profissional e voluntário, social, relacionamentos etc., que são transitórias. Todas as atividades que nós fazemos no mundo físico, por mais importantes que sejam, são circunstanciais, isto é, são transitórias em si mesmas. O que é existencial é o permanente, para a eternidade.

Nessas diferentes áreas, vamos nos deparar com experiências-desafio e experiências-estímulo, conforme já estudamos até agora.

O norteador das nossas ações nas questões circunstanciais será o propósito existencial, ou seja, a(s) virtude(s) principal(is) a ser(em) desenvolvida(s) nesta reencarnação.

Em todas essas áreas, somos convidados pela Vida a cumprir o propósito existencial. As várias provações que temos na vida, conforme vimos nas histórias de vida de Leonarda e do médium Edmundo, são os testes que a Vida nos oferece em forma de experiências-desafio para que desenvolvamos o propósito existencial. Em todas as circunstâncias, estaremos sendo provados, e o nosso grande objetivo será desenvolver a(s) virtude(s) do propósito.

Por exemplo, o que vai acontecer com um homem que tem um orgulho exacerbado? Em todas as áreas, ele será testado em seu propósito: desenvolver a humildade. Na família, a sua tendência é se tornar um tirano doméstico, no entanto, se ele estiver disposto a desenvolver um movimento consciencial diante da vida, irá trabalhar a vida toda para se tornar uma pessoa mansa e humilde de coração dentro da família.

Suponhamos que ele também tenha como tarefa dirigir um Centro espírita; a sua tendência é tornar-se um líder autocrático daqueles que mandam e todos *têm que* obedecer, pois crê que tem mais capacidade e sabe mais do que os outros. Será convidado, nessa experiência-desafio da liderança, a humildar esse orgulho para que possa se tornar um líder cristão de fato, diminuindo-se para que o Projeto Iluminativo de Jesus cresça nesse Centro Espírita e, ao mesmo tempo, ele próprio cresça em virtudes essenciais.

Em todas as áreas, existirão as provas para que ele cumpra o propósito existencial, desenvolvendo um movimento consciencial de vida.

Por isso, na prática do propósito existencial, em sintonia com o programa existencial, poderemos ter três possibilidades, conforme vemos na Figura 6: inibição, exibição e conexão. Na inibição e exibição, temos a interferência obsessiva, e, na conexão, a fidelidade à própria consciência pelo exercício do Propósito Existencial, de modo que a programação existencial seja realizada com êxito.

Estudemos sobre os três movimentos: o virtuoso, que é a conexão com o propósito, e os viciosos, a inibição e a exibição, ao passo que veremos as consequências de cada um em nossa postura.

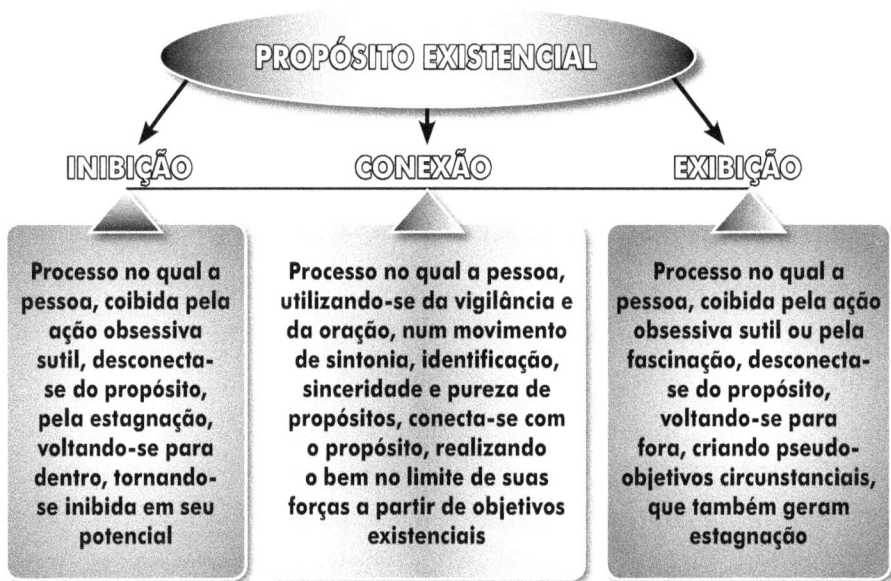

Figura 6 – A conexão ou desconexão com o programa e o propósito existenciais

A inibição ocorre pela obsessão simples e sutil, na qual nos desconectamos do propósito existencial devido à inibição do nosso potencial criativo pelo incentivo à tendência à indiferença que trazemos, muitas vezes, em relação à vida, reforçando-a, produzindo a coerção obsessiva fomentadora da preguiça e da indolência.

Ao voltar-nos para dentro, pela inibição, somos induzidos a deixar de lado o propósito e o programa existenciais. Porém, do ponto de vista consciencial, quando tomarmos consciência do que fizemos, será tormentoso o despertar, pois veremos muitas vezes já tarde a grande oportunidade que desperdiçamos, conforme o fez Leonarda.

Outras vezes, realizamos o programa existencial de uma maneira morna e superficial sem verdadeiramente desenvolver a(s) virtude(s) do propósito, pois as atividades do programa são realizadas de forma superficial, não condizentes com os objetivos existenciais.

A exibição pode também acontecer por meio da obsessão sutil, mas quase sempre esse processo degenera na fascinação, no qual acontece o processo de exibição da personalidade. Esse mecanismo obsessivo é bastante trabalhoso de perceber, pois a pessoa se submete a ele pelo seu próprio desejo, produzindo o pseudobem.

No movimento do pseudobem, desconectamo-nos do propósito e programa existenciais e nos voltamos para fora, criando pseudo-objetivos circunstanciais em detrimento dos objetivos existenciais que devem nortear a nossa vida.

Quando estamos nesse processo somos incentivados pelos Espíritos que nos obsidiam com o fim de minar-nos as forças de trabalho e tentam, com isso, deter o nosso avanço não realizando o plano existencial, mas parecendo crer que estamos a realizar, pois com os pseudo-objetivos existenciais fazemos, não raro, atividades de forma contrária aos objetivos que nos propomos consciencialmente.

A conexão com o propósito existencial é resultado da vigilância e da oração, exímios instrumentos para aqueles que não querem se deixar levar pelas tentações da inibição e da exibição, e necessárias no processo de sintonia e identificação com os objetivos existenciais ligados ao nosso projeto autoiluminativo e ao Projeto Iluminativo de Jesus.

Para a sintonia com esses ideais, a Vida nos convida a desenvolver a sinceridade e pureza de propósitos, conforme já estudamos. E é na busca pela Verdade que somos convidados a desenvolver essas duas virtudes na entrega a um trabalho disciplinado. A busca da iluminação na luz da Verdade, a partir do desenvolvimento do poder amoroso em relação à vida, tornará o seu jugo suave e o fardo, leve, realizando o bem no limite das próprias forças, como recomenda a questão 642 de *O Livro dos Espíritos*:

> *Para agradar a Deus e assegurar a sua posição futura, bastará que o homem não pratique o mal?*
>
> "Não; cumpre-lhe fazer o bem no limite de suas forças, porquanto responderá por todo mal *que haja resultado de não haver praticado o bem.*"

Todos nós trazemos em nossas consciências o convite para fazer o bem no limite de nossas forças. Isso somente acontece quando temos objetivos existenciais a partir da programação e propósito existenciais.

Estudaremos, a seguir, a mensagem "Perigo Eminente", do livro *Dias Felizes*, já citado:

> *"Ide; eis que vos mando como cordeiros ao meio de lobos."*
> Lucas, 10:3

> O movimento psicológico da criatura humana em seu estágio evolutivo atual expressa de maneira mui complexa e por variados motivos os traumas adquiridos em experiências passadas, sendo quase todos esses conflitos a somatização de choques psicológicos em comportamentos desestabilizados e incongruentes com a harmonia real.
>
> O estudo das qualidades morais que o indivíduo logrou conquistar nos tempos de suas múltiplas lutas em reencarnações sucessivas é profundamente terapêutico, porquanto somente as experiências de uma única existência na Terra, por si mesmas, não auxiliam o indivíduo na lapidação total dos sentimentos.
>
> É preciso que a inteligência raciocinada e reflexiva contribua significativamente com a conquista arquivada na alma, transformando os episódios inditosos em lembranças emocionais

úteis para que, com o exercício consciente e pleno do amor, o Espírito se preencha dos nobres sentimentos na alma.

Analisando a experiência-desafio de maneira isolada e pueril, não encontraremos a gênese dos sentimentos transformadores e saudáveis, porquanto esses somente fluem na aparelhagem psicoemocional do Ser quando acionados pela vontade consciente do Espírito.

Muitos confundem ainda o tempo cronológico com o tempo evolutivo, mas eles não guardam proporção direta entre si, porque o Espírito imortal é quem decide quando aproveitará o tempo cronológico para sua evolução.

As experiências circunstanciais, desse modo, podem se expressar em impressionante quantidade na trajetória do Espírito, sem com isso modificá-lo existencialmente quando a isso ele não se dispõe.

Os Espíritos que ultrapassaram os liames da ignorância por esforço próprio de redenção são aqueles que, tendo passado pelas intensas consequências de seus atos, resolveram experimentar outra forma de pensar e agir que não a da rebeldia e da execração de si mesmos perante a Vida. Optando pelo autorrespeito e autoconsideração, concluíram que a complacência divina ofereceu inúmeras oportunidades para que eles pudessem alcançar a rota da felicidade, incluindo as provações oriundas das escolhas infelizes a que se entregaram.

Por si sós, os convites que recebemos mediante as experiências-desafio de todos os dias não resultarão em crescimento, se não nos propusermos ao mergulho na vontade de sermos felizes, como propósito existencial maior em nossas vidas.

O grande perigo para aqueles que se mantêm na inércia e no afronto às Leis Divinas é o de se afastarem da felicidade, por ignorarem a plenitude, porquanto o mal e as dificuldades externas são ameaças apenas para quem os cultuam internamente na alma.

Não será por muito sofrer as experiências-desafio que o indivíduo passará da condição de Espírito rebelde para a de Espírito resignado. A aceitação das Leis Divinas e o reconhecimento de todo mal que se pratica constituem o grande início redentor para os rebeldes e adversários de si mesmos.

Em Sua oração existencial, Jesus nos conclama a rogarmos a Deus que nos livre de todo mal, mas jamais das experiências--desafio, porque elas não constituem perigo a nenhum dos filhos do amor divino.

A libertação do mal começa no reconhecimento de que o que é pernicioso é o mal que fazemos a outrem, pois traz perigo de infelicidade a nós próprios.

Em essência, o Espírito imortal não corre perigo algum, porque jamais está desamparado pelo amor de Deus, nunca abandonado por Sua onipresença, de maneira alguma deixado por Sua onipotência. Aliás, está eminentemente protegido do perigo de manter-se infeliz para sempre.

Fulgura neste momento o grande convite para a instalação da era da coragem cristã, como nos tempos inesquecíveis de Jesus e Seus discípulos verdadeiros na Terra.

O maior e eminente perigo que ameaça a Humanidade na Terra está naquilo que os seres estão fazendo ou deixando de fazer a si mesmos e ao próximo, e não nas transformações naturais da estrutura planetária, que prossegue passando por modificações em sua geografia geral.

Busquemos fixar nossa coragem naquilo que sentimos de fato na alma e estaremos livres de todos os perigos, até mesmo dos planejados pela sombra coletiva que, confundida com o brilho da fé convicta e da conduta impoluta, não conseguirá dominar as almas de boa vontade e de disciplina elevada.

Somente as armadilhas do ego constroem a queda do egoísta, que se faz lobo desorientado atingindo lobos fascinados.

Perigo algum conseguiu atingir Jesus, pois Nele somente havia Amor. Perigo algum conseguiu crucificar Jesus, pois Nele somente a renúncia cósmica O alçava. Perigo algum conseguiu apagar os ensinos de Jesus, pois Nele o exemplo imortal brilhava.

A advertência do Espírito Honório é muito clara no sentido de que, se não fizermos um esforço para utilizar a nossa vontade em direção ao propósito existencial, passaremos pelas experiências-desafio delineadas em nosso programa existencial sem utilizá-las para o nosso crescimento e autoiluminação.

Honório diz que: *Fulgura neste momento o grande convite para a instalação da era da coragem cristã, como nos tempos inesquecíveis de Jesus e Seus discípulos verdadeiros na Terra.* Portanto, o momento é de coragem para assumirmos definitivamente uma postura de fidelidade consciencial ao nosso plano existencial, realizando com coragem e renúncia o nosso propósito e programa existenciais.

Reflitamos sobre o ensino de Jesus: *Eu sou o **Caminho**, da **Verdade** e da **Vida**. Ninguém vai ao Pai senão por mim* (João, 14:6). Esta orientação de Jesus é muito significativa. Vamos analisá-la no contexto que estamos estudando.

Observemos a Figura 7, que aborda a relação entre o propósito existencial e o desenvolvimento da consciência espírita.

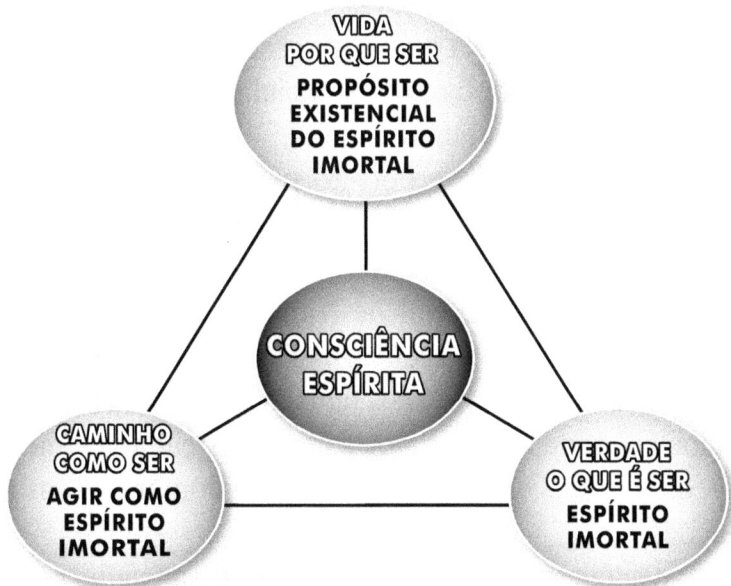

Figura 7 – O propósito existencial e a consciência espírita

O que é o Caminho? Que caminho seguiremos? O caminho é o roteiro seguro de como ser um Espírito imortal. Tem a ver com o Ser Consciencial que todos somos convidados a ser. Para isso, é fundamental agir como Espíritos imortais, momentaneamente reencarnados, cônscios do dever de cumprir o propósito existencial de desenvolver as virtudes cristãs para ser feliz. Não é possível cultuar os prazeres egoicos do mundo, conciliando-os com o dever consciencial de fazer esforços de autoiluminação.

O que é a Verdade? A Verdade são as Leis Divinas que trazemos em nossas consciências, ensinadas pelo Mestre Jesus em Seu Evangelho e pelos Espíritos superiores nas obras da Codificação Espírita e nas complementares que estão em sintonia com as obras de Allan Kardec.

O Ser Consciencial é o Espírito imortal que faz esforços para se guiar pela Verdade, conectando a sua vontade à Vontade de Deus, conforme Jesus ensina na oração do Pai Nosso.

O que é a Vida? *Eu vim para que tenham vida e a tenham com abundância* (João, 10:10). É a Vida em abundância de sentido existencial, a felicidade que Jesus veio nos convidar a trilhar.

É a razão maior pela qual somos convidados a fazer esforços para cumprir o propósito existencial, bem como o programa existencial para viver em abundância.

Todos temos como propósito maior o conhecimento da Verdade para que nos aproximemos de Deus e sejamos cada vez mais felizes.

O propósito existencial de transmutar as nossas necessidades egoicas em cada reencarnação é o meio de conseguir realizar esse propósito maior. A felicidade só é possível fazendo exercícios existenciais para nos tornarmos cada vez melhores, ou seja, os esforços que nós fazemos para domar as nossas más inclinações.

A consciência espírita é resultante dessa tríade: **como ser**, **o que é ser** e **por que ser** um **Espírito imortal** consciente de suas responsabilidades de auxiliar na evolução da Humanidade inteira, cada um no seu nível de compromisso relativo ao programa existencial.

Agora que estudamos profundamente o significado do sentido existencial e do propósito existencial, voltemos à parábola.

Aproximando-se a estação dos frutos, mandou ele seus servos aos vinhateiros, para receber os frutos que lhe cabiam.

Qual o significado de *aproximando-se a estação dos frutos?* Trata-se do momento em que saímos da infância espiritual e já temos condições de lidar com a verdade no âmbito do saber, ou seja, já temos condições de receber a visita dos *primeiros servos*, símbolo do conhecimento das Leis Morais da Vida (*mandou ele seus servos aos vinhateiros, para receber os frutos que lhe cabiam*).

Reflitamos o que *O Livro dos Espíritos* aborda dessa questão.

Questão 120. *Todos os Espíritos passam pela fieira do mal para chegar ao bem?*

"Pela fieira do mal, não; pela fieira da ignorância."

Questão 121. *Por que é que alguns Espíritos seguiram o caminho do bem e outros o do mal?*

"Não têm eles o livre-arbítrio? Deus não os criou maus; criou--os simples e ignorantes, isto é, tendo tanta aptidão para o bem quanto para o mal. Os que são maus, assim se tornaram por vontade própria."

Questão 262. *Como pode o Espírito, que, em sua origem, é simples, ignorante e carecido de experiência, escolher uma existência com conhecimento de causa e ser responsável por essa escolha?*

"Deus lhe supre a inexperiência, traçando-lhe o caminho que deve seguir, como fazeis com a criancinha. Deixa-o, porém, pouco a pouco, à medida que o seu livre-arbítrio se desenvolve, senhor de proceder à escolha e só então é que muitas vezes lhe acontece extraviar-se, tomando o mau caminho, por desatender os conselhos dos bons Espíritos. A isso é que se pode chamar a queda do homem."

Questão 122. *Como podem os Espíritos, em sua origem, quando ainda não têm consciência de si mesmos, gozar da liberdade de escolha entre o bem e o mal? Há neles algum princípio, qualquer tendência que os encaminhe para uma senda de preferência a outra?*

"O livre-arbítrio se desenvolve à medida que o Espírito adquire a consciência de si mesmo. Já não haveria liberdade, desde que a escolha fosse determinada por uma causa independente da vontade do Espírito. A causa não está nele, está fora dele, nas influências a que cede em virtude da sua livre vontade. É o que se contém na grande figura emblemática da queda do homem e do pecado original: uns cederam à tentação, outros resistiram."

a) *Donde vêm as influências que sobre ele se exercem?*

"Dos Espíritos imperfeitos, que procuram apoderar-se dele, dominá-lo, e que rejubilam com o fazê-lo sucumbir. Foi isso o que se intentou simbolizar na figura de Satanás."

b) *Tal influência só se exerce sobre o Espírito em sua origem?*

"Acompanha-o na sua vida de Espírito, até que haja conseguido tanto império sobre si mesmo, que os maus desistem de obsidiá-lo."

Questão 123. *Por que há Deus permitido que os Espíritos possam tomar o caminho do mal?*

"Como ousais pedir a Deus contas de Seus atos? Supondes poder penetrar-lhe os desígnios? Podeis, todavia, dizer o seguinte: A sabedoria de Deus está na liberdade de escolher que Ele deixa a cada um, porquanto, assim, cada um tem o mérito de suas obras."

Vejamos pelas questões respondidas pelos Benfeitores da Humanidade que a sabedoria divina está presente em tudo. No início da sua evolução, o Espírito é tutelado, sendo a sua inexperiência suprida pelo próprio Criador, que utiliza Espíritos mais evoluídos, como fazemos com a criança inexperiente. Porém, quando alcança a capacidade de fazer escolhas por si mesmo, o Espírito será submetido às provações para saber discernir aquilo que vem dos bons Espíritos daquilo que procede dos Espíritos inferiores. Somente aí é que pode tomar o mau caminho por desatender os conselhos dos bons Espíritos, caindo na tentação e sofrendo-lhe as consequências, como já analisamos.

É fundamental refletir que não há Espíritos voltados ao mal por natureza. Todos são criados simples e ignorantes, como ensina a questão 115 de *O Livro dos Espíritos*, estudada no capítulo anterior, e escolhem, a partir da Lei de Liberdade, o trajeto a seguir. Porém, todos chegarão um dia à mesma condição de pureza espiritual.

Deus criou a todos na mesma condição, simples e ignorantes. A partir do momento em que adentramos no reino hominal, somos dotados de livre-arbítrio, que é a liberdade de escolha. Quando o Espírito enrota pelo caminho do mal, o faz por vontade própria.

Sendo o Espírito criado simples e ignorante e uma das potências do Universo, em um primeiro momento ele possui uma consciência embrionária, pueril, mas já é dotado de livre-arbítrio, pois é isso que o caracteriza como humano.

Quando o princípio inteligente alcança essa condição, adentrando no reino hominal, com capacidade de fazer escolhas, mesmo que estas ainda sejam rudimentares, passará por experiências ao longo de suas existências adquirindo cada vez mais consciência. As escolhas entre um caminho e outro vão ser sempre do Espírito.

Não existe um princípio que faça com que o Espírito escolha o caminho do bem ou do mal, porquanto se existisse seria Deus a escolher por ele. O que acontece é uma causa externa, que é a "tentação externa", que estimula os seus desejos (tentações internas). Essas influências vêm dos Espíritos encarnados e desencarnados que convivem conosco o tempo todo, e cabe a nós tomarmos a decisão de resistir às tentações.

O chamado *pecado original*, colocado na Bíblia, é uma representação simbólica da influência espiritual de *satanás*, ou seja, Espíritos voltados ao mal. Aqueles que se deixam influenciar estão fazendo escolhas equivocadas.

Os Espíritos desencarnados utilizam as nossas matrizes, fomentando em nós questões egoicas e estimulando o desejo pelo mal, mas somos nós que, por meio do discernimento, podemos ceder às influências desses Espíritos ainda ignorantes, que, como diz a questão 122 b, nos acompanham por várias existências até que aprendamos a não ceder a essas influências para apenas ceder à influência dos bons Espíritos, que também velam por todos nós desde sempre.

O exercício do discernimento é essencial para o Espírito imortal, pois somos convidados o tempo todo a fazermos escolhas justas, amorosas e caridosas.

A virtude do discernimento está intimamente ligada à Lei de Liberdade. Cada vez que fizermos escolhas equivocadas, nas quais não exercitamos o discernimento, entramos num movimento de rebeldia, afastando-nos da Lei Maior, a de Amor, Justiça e Caridade, e, consequentemente, nos responsabilizaremos por essas escolhas e sofreremos as suas consequências, dentre as quais os processos obsessivos.

Portanto, todos os que nunca passaram pelo mal exercitaram bem essa virtude desde o princípio, enquanto que outros cederam às *tentações* e enveredaram pela fieira do mal, na tentativa de defraudar as Leis Divinas.

Somos suscetíveis às influenciações dos Espíritos inferiores, porquanto trazemos as tendências a nos deixar influenciar, o que, num primeiro momento, vem de um estado de ignorância e depois de rebeldia frente às próprias Leis Divinas. Com o exercício do discernimento, alcançaremos uma condição em que as tentativas de os Espíritos ignorantes nos influenciarem não mais ocorrerão, pois estaremos plenamente conscientes do bem e recusaremos a escolher o mal.

A prática que nos servirá de instrumento para desenvolver a virtude do discernimento será a vigilância, conforme orientação do Mestre Jesus, em Mateus, 26:41: *Vigiai e orai, para não cairdes em tentação.*

Quando exercitamos a vigilância, mesmo com as influenciações para seguirmos posturas viciosas, nós não entraremos na viciação, porque o exercício da virtude da reflexão nos auxiliará a perceber que podemos fazer qualquer escolha, mas nem todas nos convêm. A oração será a companheira da vigilância para resistirmos ao mal.

Portanto, todo mecanismo de evolução vai se dar em duas áreas: inteligência e sentimento. Os sentimentos nobres, ou seja, as virtudes, devem estar intimamente ligadas à inteligência para que, com esses sentimentos, direcionemos a inteligência. Caso contrário, iremos usar a nossa inteligência contra nós mesmos, usando mal o nosso livre-arbítrio. Só o exercício da inteligência não basta; somos convidados a desenvolver as virtudes, e é o nosso livre-arbítrio que vai nos nortear nesse processo. A liberdade de escolha daquilo que queremos para as nossas vidas.

Deus permite que Seus filhos conquistem o mérito por meio das suas escolhas, passando por experiências, discernindo e trabalhando para a conquista da autonomia, desenvolvendo a inteligência e ampliando a capacidade de reflexão. Caso não fôssemos convidados a fazer escolhas, não evoluiríamos, permanecendo como crianças espirituais pela eternidade.

Os vinhateiros, porém, agarraram os servos, feriram a uns, mataram a outros e a outros apedrejaram.

Os *vinhateiros (agricultores)*, na abordagem psicológica consciencial, como já vimos, simbolizam a ignorância do não saber, do não sentir e do não vivenciar a Verdade. O objetivo da reencarnação é o de superarmos a ignorância nesses três níveis.

Quando o Espírito imortal chega a determinado estágio de progresso intelectual e a noção do bem e do mal começa a ficar mais evidente, diz-se que é chegada a época dos frutos. Nesse caso, a representação simbólica dos servos do Senhor pode ser interpretada como o conhecimento das questões morais da vida e que a ignorância, que deveria estar sendo transmutada, não sendo sublimada, apodera-se dos servos, ou seja, deturpa os conhecimentos e produz enorme entorpecimento no discernimento do Ser Espiritual. Essa violência retratada na parábola tem relação com o movimento da mente dominada pelas energias do ego que distorcem o *servo do conhecimento*, primeiro servo, dentro do Espírito. A primeira fase dos *vinhateiros* é *a ignorância do não saber.*

Vejamos que Jesus diz que os *primeiros servos*, que simbolizam o conhecimento das Leis Morais da Vida, somente foram enviados na época da colheita dos frutos, simbolizando de forma perfeita, que a fase da infância espiritual, na qual o Espírito é totalmente tutelado, havia passado e que já havia condições de conhecer as Leis Morais, especialmente a Lei de Amor, Justiça e Caridade.

Em outras palavras, o Espírito nessa fase já tem condições de superar a ignorância de não saber a Verdade. Antes, ele estava na condição de simples e ignorante, agora, já não mais.

No entanto, em vez de acolher os servos de Deus, os vinhateiros os *agarraram, feriram uns, mataram outros* e *apedrejaram os demais.*

Jesus simboliza aqui o processo do Espírito se rebelar para permanecer ignorante. A fase da ignorância é natural em nós porque Deus nos criou simples e ignorantes. Por isso, na questão 120 de *O Livro dos Espíritos*, estudada acima, os Benfeitores da Humanidade dizem que nós não necessariamente passamos pela fieira do mal, mas sempre na da ignorância. Portanto, a rebeldia em permanecer ignorante já não é natural. Trata-se do murmúrio exarado na questão 115, ou seja, o mau uso do livre-arbítrio do Espírito que não aceita a missão, que traz assinada em sua consciência de conhecer a Verdade para se aproximar de Deus.

Nessa condição, o Espírito permanece estacionado, *assassinando* as oportunidades de evolução que traz a cada reencarnação. Como a reencarnação é o instrumento pelo qual o Espírito se aperfeiçoa até se tornar puro e é nesse processo de purificação que ele vai se aproximando de Deus, conquistando, gradualmente, a felicidade até a pura e eterna felicidade de estar unido eternamente com Deus. Ao agir assim, ele entra em uma estagnação que lhe gera sofrimento.

Vejamos que Jesus diz que os *vinhateiros agarraram os servos, feriram a uns, mataram a outros e a outros, apedrejaram.*

Quando a pessoa se desconecta da Verdade Existencial, que produz o sentido existencial de desenvolver o seu plano existencial, composto de propósito e do programa, ela de fato está agarrando o sentido da vida, **ferindo-o, matando-o** e **apedrejando-o**. Os três verbos: **ferir, apedrejar, matar** representam níveis de agressão aos servos de Deus, que representam o conhecimento da Verdade.

Isso produz no Espírito uma ausência de sentido existencial enorme, gerador de grande sofrimento. Essa ausência acontece em três níveis, simbolizados por estes três verbos: **ferir** – vazio existencial; **apedrejar** – isolamento existencial; **matar** – aniquilamento existencial.

Existem pessoas que se estagnam em processos de culpa, composta de autojulgamento, autocondenação e autopunição, que as *ferem*, mantendo-as estagnadas em um vazio existencial enorme, sem utilizar a Verdade para se arrependerem e repararem os erros. Outras que *apedrejam* todas as oportunidades de conhecer a Verdade, rechaçando-as, mantendo-se aferradas aos seus dogmas, sejam os calcados no materialismo, sejam os da crença teológico-dogmática, isto é, isolam-se em suas crenças sem se permitirem conhecer a Verdade. Outras, literalmente, *matam* as oportunidades reencarnatórias, tentando aniquilá--las, transferindo todos os recursos que receberam de Deus para usá-los apenas em outras reencarnações. Isso acontece por uma espécie de *suicídio* moral, no qual todas as conquistas morais do Espírito para a existência presente não são realizadas, até o suicídio propriamente dito no qual a pessoa tenta se aniquilar, sem o conseguir, porque confunde o corpo, que é um *arrendamento*, com o sofrimento gerado pela ausência de sentido existencial. Tenta matar o corpo sem perder a vida, que é do Espírito.

Os primeiros servos deveriam ser acolhidos por todos nós. Isso acontece no caso em que o Espírito submete-se à Verdade, acolhendo-a como uma grande oportunidade de se autoconhecer e conhecer a Verdade Universal, que investigam as Leis Divinas, como o Evangelho de Jesus, as obras básicas kardequianas etc., de modo a se autotransformar gradualmente, por meio da Verdade internalizada em si mesmo.

Já os que murmuram *assassinam* as oportunidades da vida, rechaçando a Verdade de várias formas para continuar a dar vazão aos seus movimentos egoicos, egoísticos e egocêntricos.

De novo, o dono da vinha mandou outros servos em maior número do que os primeiros e os vinhateiros os trataram do mesmo modo.

Quando o Mestre Jesus relata que o *dono da vinha* enviou outros servos em maior número, estamos diante do desenvolvimento dos sentimentos na essência do Espírito. Trata-se do compromisso que traz o Espírito para desenvolver as virtudes essenciais, cumprindo as Leis Divinas. Os *servos* dos sentimentos são *em maior número*, porque, uma vez adquirido o conhecimento intelectual sobre a Verdade, em que é superada a ignorância do não saber, somos convidados a nos desenvolver moralmente, por meio do cumprimento das Leis Morais, e isso é realizado desenvolvendo as virtudes.

Caso os primeiros servos não tivessem sido atacados pelos vinhateiros, seria natural que o Espírito recebesse o apoio *em maior número* para sentir com profundidade, desenvolvendo as virtudes cristãs em si gradualmente.

Entretanto, os vinhateiros da *ignorância do não sentir* agem da mesma forma que os anteriores, simbolizando que o Espírito que resiste a conhecer a Verdade também irá resistir a senti-la no coração.

Acontece, muitas vezes, que até permitimos o conhecimento da Verdade, mas, na hora em que os *servos do sentimento* chegam, temos grande dificuldade em permitir que eles adentrem a nossa intimidade. É por isso que o desenvolvimento intelectual nem sempre é seguido do aperfeiçoamento moral, conforme ensinam os Benfeitores da Humanidade em *O Livro dos Espíritos* na questão 780:

780. *O progresso moral acompanha sempre o progresso intelectual?*

"Decorre deste, mas nem sempre o segue imediatamente."

a) – *Como pode o progresso intelectual engendrar o progresso moral?*

"Fazendo compreensíveis o bem e o mal. O homem, desde então, pode escolher. O desenvolvimento do livre-arbítrio acompanha o da inteligência e aumenta a responsabilidade dos atos."

Mandou, por último, seu próprio filho, dizendo: A meu filho, terão respeito. Mas, ao vê-lo, os vinhateiros disseram entre si: Este é o herdeiro; vamos, matemo-lo e ficaremos donos da sua herança. Agarraram-no, lançaram-no fora da vinha e o mataram.

Nestes símbolos retratados por Jesus, encontramos significados sublimes e imperecíveis. O *filho* do *Pai de família* retratado nesta parábola é algo mais profundo do que a representação do Cristo personificado em Jesus. Na interpretação de primeiro nível, circunstancial, simboliza Jesus, o Cristo manifesto, e no segundo nível, consciencial, o Cristo interno, o Ser Essencial que todos nós somos.

Se o *Pai de família* simboliza Deus e as Leis Divinas, qual seria o filho de Deus e das Leis senão o Ser Essencial, que traz em si a consciência? É no âmbito consciencial que acontece superação da **ignorância do não vivenciar**. Somos todos convidados pela Vida a produzir sentido existencial, cumprindo as Leis Divinas, exercitando as virtudes, de modo a vivenciar plenamente o nosso plano existencial, conforme estamos estudando. Ao realizar esforços nessa direção, superamos a ignorância de não vivenciar a Verdade.

Os vinhateiros ignorantes que *agarram o filho, lançam-no fora da vinha e o matam* simbolizam a intensa rebeldia do ser humano que intensifica os movimentos egoicos, desejando o tempo todo tomar posse daquilo que não lhes pertence (*ficaremos donos da herança*).

Trata-se, portanto, de um movimento do ego querendo parecer ao invés de ser, ou seja, o processo de mascaramento dos sentimentos egoicos por meio do desenvolvimento de pseudovirtudes, tais como o puritanismo, o perfeccionismo, a pseudo-humildade etc.

Entretanto, o processo de mascaramento, por ser falso em si mesmo, cedo ou tarde será transmutado. Jesus simboliza isso ao ensinar que o *Pai de família* diz: *a meu filho, terão respeito*, ou seja, o *Pai* depositando a esperança em que o *filho* os vinhateiros respeitariam demonstra que no âmago da consciência (*filho*) não existe o autoengano desrespeitoso. O Ser Essencial, que traz ínsita a consciência, é incorruptível, pois se trata do divino dentro de nós.

O ego pode até criar, hipocritamente, um falso cristo interno, por meio do exercício de muitas pseudovirtudes, mantendo o Ser Essencial estagnado, mas, cedo ou tarde, o Cristo interno verdadeiro se manifestará, porque isso é uma determinação divina, conforme abordam as questões 125, 126 e 171 de *O Livro dos Espíritos*:

125. *Os Espíritos que enveredaram pela senda do mal poderão chegar ao mesmo grau de superioridade que os outros?*

"Sim; mas as eternidades lhes serão mais longas."

Por estas palavras – as eternidades – se deve entender a ideia que os Espíritos inferiores fazem da perpetuidade de seus sofrimentos, cujo termo não lhes é dado ver, ideia que revive todas as vezes que sucumbem numa prova.

126. *Chegados ao grau supremo da perfeição, os Espíritos que andaram pelo caminho do mal têm, aos olhos de Deus, menos mérito do que os outros?*

"Deus olha de igual maneira para os que se transviaram e para os outros e a todos ama com o mesmo coração. Aqueles são chamados maus, porque sucumbiram. Antes, não eram mais que simples Espíritos."

Questão 171. *Em que se funda o dogma da reencarnação?*

"Na justiça de Deus e na revelação, pois incessantemente repetimos: o bom pai deixa sempre aberta a seus filhos uma porta para o arrependimento. Não te diz a razão que seria injusto privar para sempre da felicidade eterna todos aqueles de quem não dependeu o melhorarem-se? Não são filhos de Deus todos os homens? Só entre os egoístas se encontram a iniquidade, o ódio implacável e os castigos sem remissão."

Todos os Espíritos tendem para a perfeição e Deus lhes faculta os meios de alcançá-la, proporcionando-lhes as provações da vida corporal. Sua justiça, porém, lhes concede realizar, em novas existências, *o que não puderam fazer ou concluir numa primeira prova.*

Não obraria Deus com equidade, nem de acordo com a sua bondade, se condenasse para sempre os que talvez hajam encontrado, oriundos do próprio meio onde foram colocados e alheios à vontade que os animava, obstáculos ao seu melhoramento. Se a sorte do homem se fixasse irrevogavelmente depois da morte, não seria uma única a balança em que Deus pesa as ações de todas as criaturas e não haveria imparcialidade no tratamento que a todas dispensa.

A doutrina da reencarnação, isto é, a que consiste em admitir para o Espírito muitas existências sucessivas, é a única que corresponde à ideia que formamos da justiça de Deus para com os homens que se acham em condição moral inferior; a única que pode explicar o futuro e firmar as nossas esperanças, pois que nos oferece os meios de resgatarmos os nossos erros por novas provações. A razão no-la indica e os Espíritos a ensinam.

O homem, que tem consciência da sua inferioridade, haure consoladora esperança na doutrina da reencarnação. Se crê na justiça de Deus, não pode contar que venha a achar-se, para sempre, em pé de igualdade com os que mais fizeram do que ele. Sustém-no, porém, e lhe reanima a coragem a ideia de que aquela inferioridade não o deserda eternamente do supremo bem e que, mediante novos esforços, dado lhe será conquistá-lo. Quem é que, ao cabo da sua carreira, não deplora haver tão tarde ganho uma experiência de que já não mais pode tirar proveito? Entretanto, essa experiência tardia não fica perdida; o Espírito a utilizará em nova existência.

Reflitamos que Jesus refere que, mesmo assim, os vinhateiros pegaram o *filho* (Cristo interno com a consciência) e *lançaram-no para fora da vinha*. O que simboliza isso? Trata-se do movimento de afastamento sutil ou declarado do propósito moral existencial da criatura. Esse movimento de *lançar para fora* acaba por temporariamente *matar* o propósito, que sempre retorna quando o Espírito passa pelas dores-ajustes da Lei de Causa e Efeito.

Sendo Deus justo e bom, não podemos conceber, portanto, a possibilidade de um filho seu que, por ignorância, age contrariamente às Leis Divinas permanecer, eternamente, sofrendo as consequências do mal praticado. A reencarnação tem o objetivo de convidar esse infrator à correção dos males, a partir do desenvolvimento das virtudes, de modo que, cedo ou tarde, o Espírito, após se cansar de sofrer as consequências dos seus atos de rebeldia frente à vida, irá produzir sentido existencial, iniciando a realização do propósito moral existencial para superar a ignorância nos três níveis, do não saber, do não sentir e do não vivenciar.

Ora, quando o dono da vinha vier que fará àqueles agricultores? Responderam-lhe: Aniquilará os malvados como merecem, arrendará a vinha a outros vinhateiros que, nas épocas próprias, lhe entreguem os frutos.

Os símbolos retratados neste trecho final da parábola são muito significativos. Temos a *aniquilação dos malvados como merecem*, simbolizando que o mal será totalmente aniquilado em nós por meio das experiências-desafio dolorosas, que viveremos até que, cansados de tanta rebeldia, resolvamos por transformá-la em mansidão, de modo a cultivar os frutos das virtudes que Deus quer de nós, como aprendizes do Mestre Jesus, o Cristo Manifesto, que todos somos.

Isso somente acontecerá quando resolvemos por superar os três níveis de ignorância, fazendo os esforços para saber, sentir e vivenciar a Verdade. Esse esforço traz para nós os *outros vinhateiros,* que representam o processo da ignorância transformada em **maturidade**, após o sofrimento que a rebeldia gera. Como dissemos anteriormente, isso acontecerá fatalmente, após as experiências de múltiplas reencarnações sucessivas até que os frutos que, *maduros pela estação própria*, nos ofereçam as virtudes colhidas na *vinha do Pai*.

6

Parábola

DA PLENIFICAÇÃO ESSENCIAL (FESTIM DE NÚPCIAS)

✖

Estudaremos, a seguir, a **Parábola da Plenificação Essencial** (Festim de Núpcias), em uma abordagem de segundo nível,[10] intrapsíquica, à luz da Psicologia Consciencial.

A parábola foi narrada por Mateus, no capítulo 22, 1 a 14:

Falando ainda por parábolas, disse-lhes Jesus: O reino dos céus se assemelha a um rei que, querendo festejar as bodas de seu filho, despachou seus servos a chamar para as bodas os que tinham sido convidados; estes, porém, se recusaram a ir...

O rei despachou outros servos com ordem de dizer da sua parte aos convidados: Preparei o meu banquete; mandei matar os meus bois e todos os meus cevados; tudo está pronto; vinde às bodas...

Eles, porém, sem se incomodarem com isso, lá se foram, um para a sua casa de campo, outro para o seu negócio.

Os outros pegaram dos servos e os mataram, depois de lhes haverem feito muitos ultrajes...

Sabendo disso, o rei se tomou de cólera e, mandando contra eles seus exércitos, exterminou os assassinos e lhes queimou a cidade...

Então, disse a seus servos: O festim das bodas está inteiramente preparado; mas os que para ele foram chamados não eram dignos dele...

Ide, pois, às encruzilhadas e chamai para as bodas todos quantos encontrardes...

Os servos então saíram pelas ruas e trouxeram todos os que iam encontrando, bons e maus; a sala das bodas se encheu de pessoas que se puseram à mesa...

---

10 Na obra *Parábolas Terapêuticas Volume I*, já publicamos essa parábola em uma interpretação consciencial de ordem interpessoal.

Entrou, em seguida, o rei para ver os que estavam à mesa, e, dando com um homem que não vestia a túnica nupcial – disse-lhe: Meu amigo, como entraste aqui sem a túnica nupcial?... O homem guardou silêncio. – Então, disse o rei à sua gente: Atai-lhe as mãos e os pés e lançai-o nas trevas exteriores: aí é que haverá prantos e ranger de dentes – porquanto, muitos são os chamados, mas poucos escolhidos...

Façamos a exegese psicológica consciencial de cada versículo analisando a sua profundidade:

O reino dos céus se assemelha a um rei que, querendo festejar as bodas de seu filho, despachou seus servos a chamar para as bodas os que tinham sido convidados; estes, porém, recusaram ir...

O *rei* representa o Ser Essencial que somos. É a consciência profunda na qual estão escritas as Leis de Deus, *querendo festejar as bodas*. O Ser Essencial quer festejar *as bodas*, ou seja, a plenificação da consciência por meio do exercício das virtudes. O Ser Essencial quer festejar o divino dentro de nós, o movimento de tornar a consciência lúcida e transcendente em si mesma. *De seu filho.* O filho representa o ego. O Ser Essencial quer, portanto, festejar a plenificação do ego dentro de nós, ou seja, a transmutação dos sentimentos egoicos transformando-os nas virtudes essenciais.

Despachou seus servos a chamar para as bodas os que tinham sido convidados; estes, porém, recusaram ir... Os *primeiros servos* do Ser Essencial simbolizam o amor. Deus, por meio da Lei Divina, convida-nos a cumpri-la sempre pelo amor em primeiro lugar. Aceitar o convite é um ato de autoamor. E chamar a quem? *Os convidados,* que representam os sentimentos na alma para que se plenifiquem. Trata-se do momento no qual o Espírito já tendo adquirido capacidade de escolha, após a tutela inicial, conforme estudamos no capítulo anterior, tem o convite para escolher entre o bem e o mal.

Estes, porém, se recusaram a ir... Ao convite do amor, o Ser negligencia a oportunidade de plenificação devido à preguiça moral, escolhendo o caminho do mal.

Se refletirmos com sinceridade de propósitos, verificaremos que a maior parte de nossas dores acontece, hoje, porque em episódios anteriores nós recusamos o convite do amor. Ao auscultar a nossa intimidade, constataremos: *se eu tivesse agido com os parâmetros da Lei de Justiça, Amor e Caridade naquela situação, eu tenho certeza que esta dor que estou sentindo agora não precisaria estar acontecendo comigo agora.*

O rei despachou outros servos com ordem de dizer da sua parte aos convidados: Preparei o meu banquete; mandei matar os meus bois e todos os meus cevados; tudo está pronto; vinde às bodas...

O Ser Essencial despachou *outros servos*. Esses outros servos continuam a ser os servos ligados ao amor, mas estão vinculados a outros níveis de amor. São outras virtudes da alma.

Esses *outros servos* recebem uma *ordem* do *rei*, ou seja, um convite-convocação. Os primeiros servos fazem um convite simples, os segundos, um convite-convocação. Ainda está no campo das possibilidades de aceitarmos o convite para desenvolvermos as virtudes, mas é um convite claro na acústica da consciência: *preparei o meu banquete; mandei matar os meus bois e os meus cevados; tudo está pronto; vinde para as bodas.* Vinde para a plenificação.

Vejamos o símbolo do *banquete*. Está em sintonia com outra parábola, a Parábola dos Dois Filhos,[11] também chamada do Filho Pródigo. Quando o filho cai em si e volta para a casa do Pai e diz: *Pai, não sou digno de ser chamado como seu filho, faz-me um de seus trabalhadores.* O Pai não o aceita como servo. O Pai o chama de filho e o recebe com um banquete, porque Deus jamais nos vê de outra forma; em quaisquer situações, somos

---

11 Publicada no livro *Parábolas Terapêuticas – Volume I*, da Editora Espiritizar.

Seus filhos. Esse valor já é nosso. É uma dádiva; não se destitui um valor que Deus nos ofertou. O banquete representa o desenvolvimento das virtudes.

O que é que alimenta o Espírito de felicidade? É o desenvolvimento das virtudes que verdadeiramente alimenta o Espírito de sentido. *Bois* e *cevados* representam as experiências-desafio e experiências-estímulo, respectivamente, que a cada momento alimentam o Espírito de conhecimento, fazendo com que ele supere a simplicidade e a ignorância, por meio das experiências--aprendizado.[12]

Nós fomos criados simples e ignorantes, mas não para continuarmos ignorantes, e sim para passarmos por experiências de conhecimento da Verdade que nos alimentam o Espírito, até a plenificação.

Passar por experiências é fundamental e ninguém pode delas fugir. Mas ter consciência do que a experiência significa para nós é uma atitude do Espírito que busca isso por livre vontade, porque, caso contrário, as experiências-desafio e experiências-estímulo acontecem e não aprendemos com elas.

As experiências servem para o Espírito sair da simplicidade e ignorância, estimulando-o a criar noções do bem e do mal. É a ação da Previdência e Providência Divinas que oportuniza a plenificação. Do ponto de vista divino, o que é que nos falta na existência? O que é que falta nas obras de Deus? Nada! Trazemos, às vezes, uma ilusão de que certas coisas estão faltando em nossa vida. Mas, se alguma coisa em essência faltasse na nossa vida, Deus não seria onipotente nem onisciente. Portanto, nada está faltando para o nosso progresso. Somos nós que não temos *olhos de ver* e *ouvidos para ouvir* o significado das experiências em nossa vida.

12 Estudadas na parábola do capítulo anterior

Então, quando acreditarmos que algo está faltando, significa que não estamos utilizando as experiências-desafio e experiências-estímulo de uma forma essencial, e sim de forma egoica, muitas vezes transferindo para Deus aquilo que é de responsabilidade nossa.

Eles, porém, sem se incomodarem com isso, lá se foram, um para a sua casa de campo, outro para o seu negócio.

Aqui, temos dois símbolos significativos: *casa de campo* e *negócio.*

A *casa de campo* significa o movimento psicológico da superficialidade geradora da acomodação, da negligência com a nossa evolução, acreditando que ela acontece de forma automática. Não é a somatória das experiências que faz com que o indivíduo evolua. Muitos Espíritos têm mudado de corpos em muitas reencarnações sucessivas, mas não têm mudado de atitudes para superar a ignorância do não saber, do não sentir e do não vivenciar, conforme estudamos no capítulo anterior.

Não é a reencarnação que faz o Espírito evoluir. Isso é um dogma que se criou no Movimento Espírita por falta de discernimento dos princípios analisados por Allan Kardec. O que faz o indivíduo evoluir é o aproveitamento consciencial da experiência reencarnatória e, caso isso aconteça, e ele aprenda com as experiências-desafio e experiências-estímulo, já consegue conquistar um hábito imortal que vai auxiliá-lo em todas as outras reencarnações.

O *seu negócio* é o símbolo que representa aquele que se enfurna no fazer sem sentido, que se distrai ocupando o ser, exigindo-se uma evolução abrupta como se fosse um negócio, mas não desenvolvendo o ser gradualmente pelo esforço continuado, paciente, perseverante e disciplinado para exercitar as virtudes.

Os outros pegaram dos servos e os mataram, depois de lhes haverem feito muitos ultrajes...

Aqui, Jesus simboliza uma atitude ainda mais grave que a negligência de aperfeiçoamento: a **exigência de perfeição**, a atitude de rebeldia frente às Leis Divinas. A pessoa se recusa a amar e respeitar as Leis Divinas presentes em sua consciência por rebeldia de desejar ser perfeita sem o esforço do aperfeiçoamento, *matando* as experiências-desafio e experiências-estímulo que a Vida lhe envia.

Os ultrajes representam o massacre do ego evidente pelo ego mascarado que exige a perfeição, cultuando as pseudovirtudes e não as virtudes essenciais da Vida.

Todas as vezes em que as Leis Amorosas da Vida convidam-nos à plenificação e recusamos com rebeldia, seja pela negligência de nos aperfeiçoar, seja pela exigência de perfeição sem esforços de aperfeiçoamento, geramos uma grave consequência a partir disso, expressa por Jesus no próximo versículo.

Sabendo disso, o rei se tomou de cólera e, mandando contra eles seus exércitos, exterminou os assassinos e lhes queimou a cidade...

Aqui, temos símbolos muito significativos: a *cólera* do rei simboliza a Lei de Causa e Efeito. *Exército* simboliza os conflitos. O indivíduo que entra em um processo de rebeldia contumaz, em um movimento de tentar matar o autoamor, entra em um profundo e grave conflito. *[...] exterminou os assassinos e lhes queimou a cidade... Cidade* é o símbolo da consciência. *Queimar a cidade* simboliza o complexo de culpa. O conflito gerador do complexo de culpa produz tanto sofrimento que, gradualmente, *extermina os assassinos,* ou seja, extermina a rebeldia, que será gradualmente ressignificada pelo cansaço do sofrimento, fazendo com que a pessoa desenvolva a humildade e a mansidão juntamente com o sentimento de aprendiz.

Então, disse a seus servos: O festim das bodas está inteiramente preparado; mas os que para ele foram chamados não eram dignos dele...

Neste versículo, Jesus fala do *festim de bodas.* Temos outro símbolo significativo. As *bodas* significam a plenificação. O *festim* é resultado de toda a preparação que antecede e ocorre durante as *bodas*, representando o trabalho do bem da autotransformação pelo desenvolvimento das virtudes e, consequentemente, pelo bem das demais pessoas.

Jesus reporta-se ao fato de que *os que foram chamados não eram dignos dele.* Aqui há uma referência à prática da indignidade que gera máculas existenciais àquele que a pratica. Essa referência é semelhante à contida na parábola dos dois filhos, quando o filho pródigo, ao cair em si, percebe a indignidade que gerou e depois busca se dignificar. Vejamos os versículos em Lucas, 15:17 a 19:

> E, caindo em si, disse: Quantos trabalhadores de meu pai têm abundância de pão, e eu aqui pereço de fome!

> Levantar-me-ei, e irei ter com meu pai, e dir-lhe-ei: Pai, pequei contra o céu e perante ti.

> Já não sou digno de ser chamado teu filho; faze-me como um dos teus trabalhadores.

Quando a pessoa não está trabalhando pelo sentimento de dignificação, ela permanece no sentimento de indignidade, que é um chamado para dignificar as máculas que causou em si mesma.

Existe o sentimento de indignidade existencial e o circunstancial.

A indignidade existencial será sanada quando a pessoa fizer esforços para sair da inércia e se sentir um servidor profundo no trabalho do bem, sendo acolhido pelo sentimento de filho de Deus, aprendiz da Vida. Momentos de sentimento de indignidade circunstancial podem acontecer vez que outra, mas a indignidade existencial já não existe mais. Ela se sente digna de aprender com as experiências quantas vezes forem necessárias.

O sentimento de indignidade circunstancial é o que faz com que sintamos uma estranha sensação, mesmo quando estamos no trabalho do bem e indaguemos: *será que eu mereço tudo isso? Será que eu mereço a família que eu tenho? Será que eu mereço o convívio das pessoas que eu amo e que me amam? Será que eu mereço as bênçãos de estar nesse trabalho?...* Isso só vai ser sanado, com profundidade, quando o Espírito conseguir por seus esforços manter-se perseverando no trabalho do bem para dissolver profundamente as máculas na própria consciência, quitando os seus débitos perante as Leis Divinas.

Ide, pois, às encruzilhadas e chamai para as bodas todos quantos encontrardes...

Encruzilhada significa o núcleo dos sentimentos conflitivos. *Chamai para as bodas todos quantos encontrardes...* Todos os sentimentos devem ser trazidos para a plenificação. O Ser Essencial não foge dos sentimentos conflitivos. Fugir é obra do ego mascarado. Nesta parte da parábola, Jesus chama a atenção para o fato de que não devemos aniquilar os sentimentos conflitivos nem mascará-los, mas devemos aceitá-los profundamente, para ressignificá-los e plenificá-los.

Os servos então saíram pelas ruas e trouxeram todos os que iam encontrando, bons e maus; a sala das bodas se encheu de pessoas que se puseram à mesa...

Sair para a rua significa o reconhecimento dos sentimentos egoicos conflitivos para a plenificação. Todos devem ser trazidos, *bons e maus*, ou seja, as virtudes essenciais e os vícios egoicos. Deve-se chamar tanto as qualidades que se encontram nas *ruas* quanto as imperfeições que se encontram nas *encruzilhadas*.

As pessoas que se põem à mesa simbolizam as qualidades boas, tais como a condição de filho de Deus, o sentimento de aprendiz e todas as virtudes que residem em nós, que se encontram em latência ou em começo de desenvolvimento, bem como todas as viciações egoicas que trazemos como resultado das experiências que passamos nas várias existências. Isso é muito importante porque a pessoa que não reconhece as qualidades que traz em si mesma como filha de Deus, aprendiz da Vida e outras qualidades já conquistadas, não consegue desenvolver virtudes.

Ao reconhecer o bem em si, a pessoa pode ampliá-lo, dizendo para a consciência: *Se eu cheguei até aqui, se eu consegui desenvolver a alegria ou a disciplina, ou qualquer outra virtude, eu sou capaz de ampliar e conseguir mais.*

Entrou, em seguida, o rei para ver os que estavam à mesa, e, dando com um homem que não vestia a túnica nupcial, disse-lhe: – Meu amigo, como entraste aqui sem a túnica nupcial?...

Estudemos com profundidade o significado da *túnica nupcial*. Vimos que o *festim de bodas* significa o trabalho do bem que proporciona a plenificação do Ser, por meio da prática das virtudes. Não vestir a *túnica nupcial* significa ir ao *festim* por obrigação e não pelo bom uso do livre-arbítrio. Quando alguém está em um trabalho do bem, mas não está vestindo a *túnica nupcial*, é porque o indivíduo não se preparou para isso como deveria. O ato de vestir a *túnica* significa que a pessoa aceitou o convite para a festa, preparou-se para ela e foi. É um ato de profundo livre-arbítrio, de conexão com as Leis Divinas para a prática efetiva das virtudes, que somente acontece com base no sentimento de aprendiz e na autoconsciência, com os quais a pessoa entra em profundo contato com a Lei de Liberdade e escolhe conscientemente desenvolver as virtudes. Jamais as virtudes serão desenvolvidas por um ato de autoimposição, porquanto contraria a Lei de Liberdade.

O homem guardou silêncio. Então, disse o rei à sua gente: – Atai-lhe as mãos e os pés e lançai-o nas trevas exteriores: aí é que haverá prantos e ranger de dentes – porquanto, muitos são os chamados, mas poucos escolhidos...

O rei faz uma pergunta chamando o homem de *meu amigo*, mas ele *guardou silêncio*. O que significa *guardar silêncio* no trabalho do bem? Não é ficar silencioso; significa a pessoa se sentir obrigada a realizar o trabalho do bem de desenvolver as virtudes e não reconhecer isso, porque está em um movimento do ego mascarado, desenvolvendo pseudovirtudes.

Atai-lhe as mãos e os pés. Quando a pessoa força-se ao trabalho do bem, e ela não reconhece isso, o seu fazer vai deixando *as suas mãos e seus pés atados*, ou seja, ela vai ficando cada vez mais cansada, presa aos compromissos que ela diz que *tem que* cumprir. É assim que ela se sente, cada vez mais *atada*. Quando estamos no trabalho do bem com consciência, nós vamos nos sentindo cada vez mais livres, libertos profundamente.

Por isso, o Cristo nos oferece esse símbolo de fácil entendimento. Se alguns de nós temos a sensação de que está pesado demais lidar com o trabalho do bem em nossas vidas, seja o trabalho interior de autotransformação pela prática das virtudes, seja o de auxílio à transformação do mundo em um lugar melhor, atentemos aos nossos pés e nossas mãos porque eles estão *atados*. Estamos nos forçando a realizar essa atividade nas várias experiências-desafio e experiências-estímulo que somos convidados a transformar em experiências-aprendizado. É um sinal de que não estamos utilizando o nosso livre-arbítrio para amar e cumprir as Leis Divinas por consciência e discernimento. Torna-se um movimento de ingratidão a todos os recursos que a Providência Divina nos proporciona para realizar o bem com autoconsciência.

Somos convidados a nos cuidar, pois, caso contrário, seremos *lançados nas trevas exteriores: aí é que haverá prantos e ranger de dentes*, que simboliza o sofrimento decorrente do aprofundamento nas questões egoicas geradoras da culpa profunda, amortecendo intensamente o sentimento de amor dentro da criatura, que permanecerá latente, aguardando o bom uso do seu livre-arbítrio.

Porquanto, muitos são os chamados, mas poucos os escolhidos.

O símbolo que Jesus utiliza: *Escolhidos* significa o uso pleno da Lei de Liberdade. Somos convidados a querer por consciência, pois é a nossa consciência que nos escolhe e não algo exterior. Somente assim há conexão com a Lei de Evolução.

7

Parábola
DA AUTOCONSCIÊNCIA
(O AMIGO IMPORTUNO)

✖

Estudaremos, a seguir, a **Parábola da Autoconsciência** (O Amigo Importuno), à luz da Psicologia Consciencial.

A parábola foi narrada por Lucas, 11:5 a 13:

Disse-lhes também: Qual de vós terá um amigo, e, se for procurá--lo meia-noite, ele lhe disser: Amigo empresta-me três pães;

Porque um amigo meu chegou a minha casa vindo de caminho e não tenho o que apresentar-lhe;

Se ele respondendo de dentro disser: não me importunes já está à porta fechada, e os meus filhos estão comigo na cama, não posso levantar-me para dar-lhos;

Digo-vos que, ainda que não se levante a dar-lhos, por ser seu amigo, levantar-se-á, todavia, por causa da sua importunação, e lhe dará tudo o que houver mister.

E eu vos digo a vós pedi e dar-se-vos-á, buscai e achareis, batei e abrir-se-vos-á;

Porque qualquer que pede recebe, e quem busca acha, e a quem bate abrir-se-lhe-á.

E qual pai entre vós que se o filho lhe pedir pão, lhe dará uma pedra ou também, se lhe pedir peixe, lhe dará por peixe uma serpente;

Ou também se lhe pedir um ovo lhe dará um escorpião?

Pois em Vós sendo maus sabeis dar boas dádivas aos vossos filhos, quanto mais dará o pai celestial o Espírito Santo aqueles que lho pedirem?

Esta parábola retrata a essência da autoconsciência. Refli-tamos a exegese psicológica consciencial de cada versículo.

Disse-lhes também: Qual de vós terá um amigo, e, se for procurá-lo à meia-noite, ele lhe disser: Amigo empresta-me três pães;

A parábola aborda três amigos, um que chega, um que vai à casa do outro amigo à meia-noite e um amigo que o recebe na cama. Esses amigos não são pessoas; são movimentos psicológicos dentro de nós.

Quem é esse primeiro amigo? Esse amigo sai de casa à meia-noite para emprestar *três pães*, representando o movimento psicológico da **ansiedade de consciência**. Ele estava tão inquieto na casa dele, que saiu de casa à meia-noite para emprestar três pães. Fazer isso é muito inoportuno. Por isso, esse amigo representa o estado de inquietude interior gerado pela ansiedade de consciência.

Por que ansiedade de consciência? Trazemos na consciência as Leis Divinas, que nos convidam ao exercício das virtudes. Quando por algum motivo não exercitamos as virtudes, cedo ou tarde, entramos em uma ansiedade de consciência.

Somente é possível estarmos num processo de serenidade consciencial, entregando-nos a Deus, amando, praticando as Leis Divinas e desenvolvendo as virtudes.

Porque um amigo meu chegou a minha casa, vindo de caminho e não tenho o que apresentar-lhe;

Quem é esse amigo que chega à casa do amigo vindo de caminho e ele não tinha nada para apresentar?! Esse amigo que chega inesperadamente representa simbolicamente **a tomada de consciência**, ou seja, o momento em que há um despertar para as noções morais da vida. O fato do Espírito não ter trabalhado profundamente as questões morais gera a **ansiedade de consciência**.

Cedo ou tarde, as vozes-alerta da consciência assomarão e ele não terá como alimentar (três pães), ou seja, não terá nada a oferecer porque não se preparou para o cumprimento das Leis, desenvolvendo as virtudes.

Esse é um movimento muito comum, porquanto a Lei de Liberdade nos faculta a liberdade pela qual podemos anestesiar a nossa consciência e não realizar o que ela nos alerta, mas não nos convém fazer isso, porque nos gera gradualmente a ansiedade de consciência.

Se ele, respondendo de dentro, disser: Não me importunes; já está à porta fechada e os meus filhos estão comigo na cama; não posso levantar-me para tos dar;

Neste versículo, temos a representação da má-vontade espiritual. Podemos observar que, quando o **amigo-consciência desperta** chega pelo caminho na casa do **amigo-ansiedade de consciência**, o amigo **ansiedade de consciência** corre para a casa do **amigo-má-vontade**, porque se trata do movimento de se forçar a realizar o que deveria ter sido feito naturalmente no passado.

A má-vontade espiritual tem vários filhos como a preguiça moral, a acomodação, a inércia simples ou pseudo-operante, na qual a pessoa pratica ações sem sentido existencial, como Marta agiu diante de Jesus no encontro memorável entre Ele, Marta e Maria, sua irmã, a indolência, que a impedem de agir quando a ansiedade de consciência se manifesta. É claro que não é possível surgir algo bom dentro de nós a partir de um processo exigente, inquieto.

Quando uma parte de nós exige o cumprimento de algo que, se não fizemos no tempo certo, o que vai acontecer? Um autoboicote. Tornam-se duas forças concorrentes dentro do indivíduo: a ansiedade de consciência, exigindo providências, e a má vontade, boicotando o processo, como se fosse um jogo de cabo de guerra.

Digo-vos que ainda que não se levante a dar-lhos, por ser seu amigo, levantar-se-á, todavia por causa da sua importunação, e lhe dará tudo que o houver mister.

A má-vontade, quando pressionada pela ansiedade de consciência, acaba por ceder à imposição desse movimento psicológico, sem contudo ser por motivo de *amizade*, ou seja, de verdadeira integração do Ser essencial com o ego, no processo psicológico de fusão do eixo ego/Ser Essencial, mas por uma *importunação*, que, mesmo assim, tem uma intenção positiva que é tentativa de se **cumprir as Leis Divinas presentes na consciência.**

O movimento está equivocado, mas a intenção é positiva, porquanto o processo real de plenificação acontecerá somente por meio da **autoconsciência**, que Jesus vai colocar na elucidação terapêutica que se segue à parábola, e nunca pela ansiedade de consciência geradora de obrigação.

Ninguém evolui por obrigação e sim por conscientização. Quando acontece a importunação da ansiedade de consciência, a pessoa passa por cima da má-vontade, porém só desenvolverá sentimentos pseudopositivos, gerando as máscaras do ego.

Após concluir a parábola, o Mestre nos oferece o caminho para desenvolver o processo da autoconsciência. Vejamos a exegese dos versículos nos quais ele elucida terapeuticamente qual o caminho a seguir:

E eu vos digo a vós: Pedi e dar-se-vos-á; buscai e achareis; batei e abrir-se-vos-á, porque qualquer que pede recebe e quem busca acha e a quem bate abrir-se-lhe-á.

Para que haja a mudança real aliando-se a intenção positiva à direção adequada, são necessárias três fases: pedir (**autorreconhecimento**), buscar (**autoesforço**) e bater (**autorrealização**).

Portanto, para que haja a libertação da **ansiedade de consciência**, desenvolvendo-se a **autoconsciência**, em que a intenção positiva une-se à direção adequada, somos convidados ao **autorreconhecimento de nossas necessidades íntimas** de desenvolvimento das virtudes essenciais do Espírito imortal que somos, cumprindo-se as Leis Divinas, que serão exercitadas com o **autoesforço**, em um processo continuado, paciente, perseverante e disciplinado e concretizadas na **autorrealização** da transmutação gradativa dos sentimentos egoicos e no desenvolvimento das virtudes cristãs em nossa intimidade.

E qual pai dentre vós que, se o filho lhe pedir pão, lhe dará uma pedra? Ou, também, se pedir peixe, lhe dará por peixe uma serpente? Ou, também, se lhe pedir um ovo, e dará um escorpião?

Jesus faz a comparação remetendo ao sentimento de paternidade para demonstrar a presença dos valores nobres, as virtudes do Espírito, especialmente da boa-vontade de dar o melhor, e o quanto as **intenções purificadas** são fundamentais para levar o Ser à felicidade.

Não é possível evoluir sem desenvolver a boa-vontade para realizar aquilo que a consciência não indica como o melhor. Somente a boa-vontade é que vai transmutar a má-vontade que nos mantém na inércia do círculo vicioso: ansiedade de consciência – má vontade.

Pois se vós, sendo maus, sabeis dar boas dádivas aos vossos filhos, quanto mais dará o Pai celestial o Espírito Santo àqueles que lho pedirem?

O termo *maus* remete a ideia do "mal como sendo ausência do bem" que significa o bem que não foi ainda desenvolvido no coração, mas que já produz algumas expressões do bem maior que vem da fonte do amor de Deus no Espírito Imortal.

O Espírito imortal, trabalhando no princípio de tudo a sua intenção, mais cedo ou mais tarde, saberá dar-se boas coisas sempre, porque aprenderá a pedir de forma essencial ao Pai.

É o processo natural de evolução no qual, em vez de fortalecer a fissão do eixo ego/Ser Essencial gerada pela ansiedade de consciência e má-vontade, fortalecemos a fusão do eixo ego/Ser Essencial por meio da autoconsciência para produzir gradualmente os esforços necessários para a autotransformação.

Vejamos, a seguir, na Figura 8 um esquema resumido do convite ao despertar da autoconsciência.

O CONVITE AO DESPERTAR DA CONSCIÊNCIA

EXIGÊNCIA

AUTOCONSCIÊNCIA

NEGLIGÊNCIA

Fruto da ansiedade de consciência, em que o espírito, por ter negligenciado as leis morais da vida, passa a se exigir a perfeição de forma abrupta, sem passar pelo aperfeiçoamento contínuo, conforme preconiza a lei do progresso. Produz o perfeccionismo e o culpismo.
(amigo afoito e importuno)

Surge com o despertar da consciência, permitindo ao espírito a prática do discernimento no qual realiza a melhor escolha para si, que é a prática do autorreconhecimento, do autoesforço e da autorrealização, atitudes nas quais ama e pratica as leis divinas, fazendo esforços para desenvolver as virtudes essenciais.

Fruto da má-vontade espiritual, em que o espírito negligencia as questões morais da vida devido à preguiça e à acomodação, não querendo cumprir a lei do trabalho. Produz o desculpismo.
(amigo preguiçoso que permanece na cama, apesar da necessidade consciencial de evoluir)
Filhos da má-vontade: inércia simples ou pseudo-operante, preguiça, indolência, acomodação.

Figura 8 – As três possibilidades de lidar com a consciência

8

Parábola

DO DEVER CONSCIENCIAL (VINHA – TRABALHADORES DE ÚLTIMA HORA)

✖

Estudaremos, a seguir, a **Parábola do Dever Consciencial** (Parábola da Vinha ou Parábola dos Trabalhadores de Última Hora) dentro de uma abordagem psicológica consciencial.

Na obra *Parábolas Terapêuticas – Volume II*, apresentamos uma versão psicológica consciencial de ordem circunstancial. Neste volume, apresentamos uma interpretação existencial.

A parábola foi anotada por Mateus, no capítulo 20:1 a 16.

Porque o Reino dos céus é semelhante a um homem, pai de família, que saiu de madrugada a assalariar trabalhadores para a sua vinha.

E, ajustando com os trabalhadores um denário por dia, mandou-os para a sua vinha.

E, saindo perto da hora terceira, viu outros que estavam ociosos na praça.

E disse-lhes: Ide vós também para a vinha, e dar-vos-ei o que for justo. E eles foram.

Saindo outra vez, perto da hora sexta e nona, fez o mesmo.

E, saindo perto da hora undécima, encontrou outros que estavam ociosos e perguntou-lhes: Por que estais ociosos todo o dia? Disseram-lhe eles: Porque ninguém nos assalariou. Diz-lhes ele: Ide vós também para a vinha e recebereis o que for justo.

E, aproximando-se a noite, diz o senhor da vinha ao seu mordomo: Chama os trabalhadores, e paga-lhes o salário, começando pelos derradeiros até aos primeiros.

E, chegando os que tinham ido perto da hora undécima, receberam um denário cada um; vindo, porém, os primeiros, cuidaram que haviam de receber mais; mas, do mesmo modo, receberam um denário cada um.

E, recebendo-o, murmuravam contra o pai de família, dizendo: Estes derradeiros trabalharam só uma hora, e tu os igualaste conosco, que suportamos a fadiga e a calma do dia.

Mas ele, respondendo, disse a um deles: Amigo, não te faço injustiça; não ajustaste tu comigo um denário?

Toma o que é teu e retira-te; eu quero dar a este derradeiro tanto como a ti.

Ou não me é lícito fazer o que quiser do que é meu? Ou é mau o teu olho porque eu sou bom?

Assim, os derradeiros serão primeiros, e os primeiros, derradeiros, porque muitos são chamados, mas poucos, escolhidos.

Obtivemos do Mentor Honório a interpretação dos símbolos, por meio da psicografia do médium Afro Stefanini II.

Vejamos o significado dos principais símbolos da parábola:

* **Trabalho na Vinha**: Espírito Imortal desenvolvendo as virtudes.

* **Pai**: Deus.

* **Família**: Leis Divinas.

* **Mordomo**: consciência.

* **Denário**: felicidade proveniente da ação consciencial de praticar o dever.

* **Ociosidade**: negligência em relação à ação.

* **Cada hora**: níveis de despertamento da consciência para a superação da ignorância do não saber, do não sentir e não vivenciar a verdade.

* **Olho mau**: insubmissão às Leis Divinas.

Observemos a figura 9 ao lado, que aborda de forma esquemática os elementos principais da parábola:

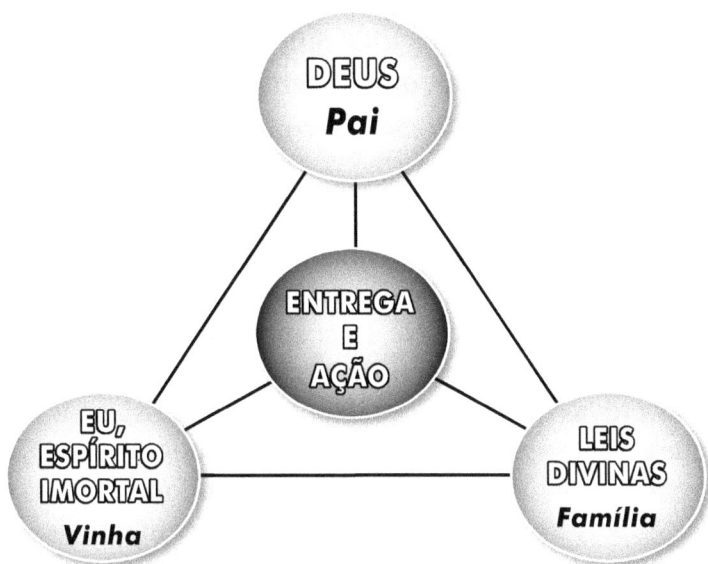

Figura 9 – Principais elementos da Parábola da Vinha

Os três elementos principais, *vinha, pai* e *família*, representam o Espírito imortal, Deus e as Leis Divinas, respectivamente. A parábola retrata todo o processo de entrega e ação às Leis e a Deus, bem como de resistência.

Conforme a resposta da questão 115 de *O Livro dos Espíritos*, transcrita a seguir, o Espírito imortal é criado simples e ignorante e tem como compromisso consciencial superar a ignorância por meio do conhecimento da Verdade, ou seja, das próprias Leis Divinas presentes em sua consciência, entregando-se à missão que Deus lhe propõe, desde o instante de sua criação, de que ele terá consciência quando adentra o reino hominal.

Conforme revelam os Espíritos superiores, ele pode ter dois tipos de atitudes: submeter-se à missão, ou seja, se entregar a Deus e às Leis, agindo em si mesmo, desenvolvendo as virtudes para cumprir as Leis, ou murmurar, isto é, insurgir-se contra as Leis, produzindo para si mesmo sofrimento até que humildeça o seu orgulho e amanse a sua rebeldia e se submeta à missão, para que possa ser feliz.

A Parábola da Vinha é uma síntese dessa saga pela qual o ser humano deverá passar, que podemos resumir desta forma:

Questão 115. *Dos Espíritos, uns terão sido criados bons e outros maus?*

"Deus criou todos os Espíritos simples e ignorantes, isto é, sem saber. A cada um deu determinada missão, com o fim de esclarecê-los e de os fazer chegar progressivamente à perfeição, pelo conhecimento da verdade, para aproximá-los de si. Nesta perfeição é que eles encontram a pura e eterna felicidade. Passando pelas provas que Deus lhes impõe é que os Espíritos adquirem aquele conhecimento. Uns, aceitam submissos essas provas e chegam mais depressa à meta que lhes foi assinada. Outros, só a suportam murmurando e, pela falta em que desse modo incorrem, permanecem afastados da perfeição e da prometida felicidade."

Missão do Espírito imortal: cumprir o propósito existencial de se aproximar de Deus pelo conhecimento da Verdade e, com isso, alcançar a pura e eterna felicidade.

Qual o sentido profundo, consciencial, da palavra submissão?

Submissão: quando o Espírito imortal, em sintonia com o seu propósito existencial, faz esforços para conhecer a Verdade e desenvolver em si mesmo as virtudes, entrega-se submisso às Leis de Deus, ou seja, submete-se ao dever consciencial de realizar a missão que traz, ínsita em si, de chegar à perfeição relativa, possível à criatura, aproximando-se gradualmente do Criador, Perfeição Absoluta, até poder dizer, como Jesus: "estou no Pai, e o Pai, em mim", adquirindo o direito de usufruir a pura e eterna felicidade da onipresença amorosa de Deus em si mesmo.

Qual o sentido profundo, consciencial, da palavra murmurar?

Murmurar: é o processo circunstancial de revolta insubmissa ao propósito existencial, que pode durar mais ou menos tempo e ter diferentes graus de manifestação, desde o vazio existencial, passando pelo abandono existencial, até o estágio do isolamento existencial, a ponto de tentar perseguir Deus em si e, principalmente, nos outros, na vã tentativa de negar os mandamentos que Jesus nos ensinou. O Espírito aciona, com isso, a Lei de Causa e Efeito e, com a insubmissão, cria para si longos períodos de dor e sofrimento, até que venha a humildar o orgulho e a amansar a rebeldia e se submeta à missão, após se cansar de sofrer e desejar libertar-se do jugo do sofrimento, para conquistar a pura e eterna felicidade.

Essa negação de Deus e das Leis Divinas pode ser evidente ou mascarada. É evidente quando a revolta e a rebeldia do Espírito se manifestam de forma bem clara e evidenciada. É mascarada quando o Espírito se rebela de uma forma em que pode parecer uma submissão, mas, como há um foco no parecer e não no ser, o processo é falseado em si mesmo.

Que Verdade é essa que temos a missão de conhecer para nos aproximarmos de Deus? Essa Verdade são as Leis Divinas, que devemos amar e praticar a fim de desenvolvermos as virtudes.

Voltemos a refletir com *O Livro dos Espíritos*:

Questão 614. *Que se deve entender por lei natural?*

"A lei natural é a lei de Deus. É a única verdadeira para a felicidade do homem. Indica-lhe o que deve fazer ou deixar de fazer e ele só é infeliz quando dela se afasta."

Questão 616. *Será possível que Deus em certa época haja prescrito aos homens o que noutra época lhes proibiu?*

"Deus não se engana. Os homens é que são obrigados a modificar suas leis, por imperfeitas. As de Deus, essas são perfeitas. A harmonia que reina no universo material, como no universo moral, se funda em leis estabelecidas por Deus desde toda a eternidade."

Questão 619. *A todos os homens facultou Deus os meios de conhecerem Sua lei?*

"Todos podem conhecê-la, mas nem todos a compreendem. Os homens de bem e os que se decidem a investigá-la são os que melhor a compreendem. Todos, entretanto, a compreenderão um dia, porquanto forçoso é que o progresso se efetue."

Questão 620. *Antes de se unir ao corpo, a alma compreende melhor a lei de Deus do que depois de encarnada?*

"Compreende-a de acordo com o grau de perfeição que tenha atingido e dela guarda a intuição quando unida ao corpo. Os maus instintos, porém, fazem ordinariamente que o homem a esqueça."

Questão 621. *Onde está escrita a lei de Deus?*

"Na consciência."

a) *Visto que o homem traz em sua consciência a lei de Deus, que necessidade havia de lhe ser ela revelada?*

"Ele a esquecera e desprezara. Quis então Deus lhe fosse lembrada."

Conhecer a Verdade, portanto, é tomar contato de forma consciente com as Leis Divinas que trazemos escritas em nossa própria consciência. Aqueles que se submetem à missão que lhes cabe são os que buscam de forma consciencial entendê-las para poder amá-las e cumpri-las; os que murmuram são os que, por cultuarem os maus instintos, buscam esquecê-las e desprezá-las. O grande objetivo de Jesus, ao encarnar entre nós, foi de revelá-la; a mesma missão tiveram os Espíritos superiores que nos legaram a Doutrina Espírita.

Cabe a nós encarnados estudar reflexivamente o Evangelho de Jesus, as obras básicas kardequianas e as subsidiárias idôneas da Doutrina Espírita para investigarmos como elas funcionam, de modo a sentir amor pelas Leis que foram criadas para que sejamos felizes, cumprindo-as.

Estudemos, a seguir, o preceito evangélico: *Conhecereis a verdade, e a verdade vos libertará* (João, 8:32), correlacionando-o com a questão 115 de *O Livro dos Espíritos*.

Vejamos que Jesus não diz que o conhecimento liberta, mas a Verdade. Temos no preceito uma tríade: conhecimento da Verdade, sentimento da Verdade e vivenciação da Verdade. Com esses passos, superaremos três níveis de ignorância: a do não saber, a do não sentir e a do não vivenciar, como se vê na Figura 10:

VIVENCIAR

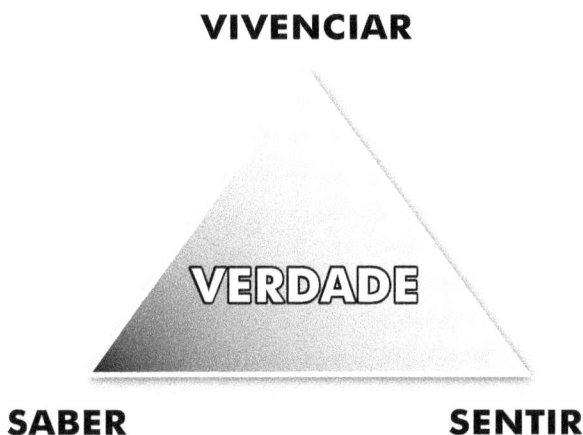

SABER   SENTIR

Figura 10 – As Dimensões da Verdade

Todo processo do conhecimento acontece, primeiramente, em âmbito racional, porque tudo começa no pensamento, na razão. Quando Jesus diz: *conhecereis a verdade*, dá-nos a dica para refletirmos sobre a Verdade que liberta, ou seja, as Leis Divinas, que resumem a Verdade no imo de cada um de nós.

Essa dimensão da Verdade corresponde a amar a Deus *de todo o entendimento*, isto é, compreender o significado de Suas Leis em nossas vidas.

A partir daí, seremos convidados ao exercício dessa Verdade para senti-la em nossos corações. A partir do momento em que nos habituamos a refletir, ainda que não consigamos sentir essa Verdade imediatamente, com toda a pujança em nossos corações, ela ficará como que brilhando em nossas consciências. Essa dimensão da Verdade corresponde a amar as Leis de Deus *de todo o coração*.

Porém, como a consciência é a Lei de Deus pulsando em nós, não nos será possível ficar muito tempo sem realizar os esforços, porque, autonomicamente, a partir da luz que a Verdade proporciona, sentimos vontade de vivenciá-la porque é essa a Vontade Divina. Essa dimensão da Verdade corresponde à vivência das Leis Divinas *de toda a nossa alma*.

O amor às Leis Divinas é o caminho para nos aproximarmos de Deus, especialmente a Lei Maior, com suas três dimensões: Justiça, Amor e Caridade.

Em seu processo de evolução, o Espírito imortal é convidado a dois movimentos – **entrega** e **ação**: *entregar-se* amorosamente a Deus e às Leis Divinas e *agir* desenvolvendo as virtudes essenciais da Vida.

É esta a proposta para todos nós: entregar-nos a Deus e às Suas Leis, fazendo a Sua vontade, praticando a Lei Maior, a Lei de Amor, Justiça e Caridade e todas as demais Leis que lhe são conjugadas, agindo no Eu, Espírito imortal, o Ser Essencial imortal que somos, desenvolvendo as virtudes essenciais, correspondentes a essas Leis.

Assim como as Leis Divinas, as virtudes já existem de forma latente em nossas consciências e o seu desenvolvimento constitui-se no meio prático de amar e vivenciar as Leis de Deus.

Podemos comparar as virtudes às sementes de um grande pomar. Nós as trazemos em gérmen e devemos cultivá-las, transformando-as em árvores frondosas, repletas de frutos saborosos, que nos proporcionarão a pura e eterna felicidade. O processo de evolução é fruto de duas forças **dádiva** e **conquista**. As Leis e os gérmens das virtudes são dádivas de Deus para que evoluamos, necessariamente, e cheguemos à pura e eterna felicidade. Essa felicidade, no entanto, é fruto da conquista, na qual trabalhamos pelo desenvolvimento das virtudes em nós, em sintonia com as Leis de Trabalho e de Progresso.

Para que possamos conquistar a felicidade, consequente ao conhecimento da Verdade e da aproximação com Deus, passaremos por provas nas várias existências corporais até a completa depuração.

Façamos, a seguir, a exegese de cada versículo da parábola, que demonstra de forma alegórica todo esse processo.

Porque o Reino dos céus é semelhante a um homem, pai de família, que saiu de madrugada a assalariar trabalhadores para a sua vinha.

O que é o *Reino dos céus*? O *Reino dos céus* é resultado do trabalho na *vinha*, ou seja, o esforço evolutivo do ser para desenvolver as virtudes, cumprindo as Leis Divinas.

O *Pai* (Deus) de *família* (Leis Divinas) *saiu de madrugada a assalariar trabalhadores*. Qual o significado de sair de *madrugada*? A criação divina efetivada pela Suprema Vontade de Deus. Como diz a questão 115, estudada anteriormente, Deus nos cria simples e ignorantes e nos oferece as oportunidades para evoluir por meio de Sua Providência, ou seja, a solicitude por todas as Suas criaturas, e Previdência, isto é, as Leis que, previdentemente, Ele coloca em nossas consciências para que, por Sua determinação, alcancemos a plenitude, pelos nossos próprios esforços, trabalhando na *vinha*, desenvolvendo as virtudes, até a *pura e eterna felicidade*.

E, ajustando com os trabalhadores um denário por dia, mandou-os para a sua vinha.

O que significa *denário*? A felicidade proveniente do dever consciencial cumprido, do trabalho realizado. Quando trabalhamos em função do desenvolvimento da *vinha* temos direito ao *denário*? Tem a ver com a dimensão Justiça da Lei Maior. Sermos felizes é o nosso maior direito e também o nosso maior dever, porque a felicidade é construída desenvolvendo o *trabalho da vinha*. Ao desenvolver as virtudes construindo o *Reino dos céus* em nós mesmos, o resultado é fazer jus ao *denário*, à felicidade do dever de consciência efetivamente cumprido.

Por que só *um denário*? A felicidade é uma só. Não é um valor monetário. É um valor individual e intransferível, ou seja, consciencial. Ninguém pode conquistá-lo por nós. Por isso, todos os trabalhadores, independentemente da quantidade de horas trabalhadas, recebem *um denário*, porque o que conta é o empenho em *trabalhar na vinha*, exercitar as virtudes do coração.

Por isso, o *Pai de família* ajustou *um denário* por dia com os trabalhadores da primeira hora e com todos os demais.

E, saindo perto da hora terceira, viu outros que estavam ociosos na praça. E disse-lhes: Ide vós também para a vinha, e dar-vos- -ei o que for justo. E eles foram.

Que hora terceira é essa? 9 horas da manhã. As horas de trabalho eram contadas de Sol a Sol. A primeira hora é equivalente a 6 da manhã, hoje.

Esses trabalhadores estavam *ociosos*, ou seja, ainda não haviam despertado para o *trabalho na vinha*, para desenvolver as virtudes, cumprindo as Leis.

O *Pai de família* lhes promete dar o que for justo, *um denário*, a felicidade consciencial.

Saindo outra vez, perto da hora sexta e nona, fez o mesmo.

Fez isso novamente ao meio dia e às três da tarde.

E, saindo perto da hora undécima, encontrou outros que estavam ociosos e perguntou-lhes: Por que estais ociosos todo o dia? Disseram-lhe eles: Porque ninguém nos assalariou. Diz-lhes ele: Ide vós também para a vinha e recebereis o que for justo.

Repetiu o mesmo gesto às 5 horas da tarde. Apesar da jornada terminar às 6 da tarde, o *Pai de família* promete *o que for justo*.

E, aproximando-se a noite, diz o senhor da vinha ao seu mordomo: Chama os trabalhadores, e paga-lhes o salário, começando pelos derradeiros até aos primeiros.

O mordomo representa a consciência. A consciência nos *paga o salário* de que forma? Dentro de critérios monetários humanos ou de critérios divinos? Dá para ludibriar a consciência? Não! Vamos receber sempre o que for justo, pois tudo passa pelo crivo da Lei de Justiça, Amor e Caridade, cedo ou tarde.

E, chegando os que tinham ido perto da hora undécima, receberam um denário cada um; vindo, porém, os primeiros, cuidaram que haviam de receber mais; mas, do mesmo modo, receberam um denário cada um.

Observando superficialmente, dá impressão que é injusto. Os que trabalharam doze horas receberam a mesma coisa que os que trabalharam somente uma hora. Todos receberam *um denário*, uma moeda da época, conforme foi combinado desde o início. Como vimos, o *denário* é o dever consciencial sendo cumprido.

E, recebendo-o, murmuravam contra o pai de família, dizendo: Estes derradeiros trabalharam só uma hora, e tu os igualaste conosco, que suportamos a fadiga e a calma do dia.

Aqui, Jesus está simbolizando o processo de se insurgir contra as Leis Divinas, conforme exarado na questão 115 de *O Livro dos Espíritos*: uns aceitam submissos e outros murmuram.

Eles não cumprem a Lei de Amor, Justiça e Caridade, pois se enchem de cobiça por mais *denários*, sabendo que tinha sido combinado apenas um. De que forma eles estavam trabalhando? Como filhos de Deus ou como servos querendo recompensa? Estavam trabalhando como servos, da mesma forma que o filho mais velho da Parábola dos Dois Filhos, que trabalhava com o *Pai* por obrigação para obter recompensas, sem real conexão com as Leis em suas consciências, de modo a sentirem a felicidade do dever cumprido, conforme havia sido acordado entre o *Pai de família* e os trabalhadores. Mais à frente, estudaremos essa parábola.

Aprofundando mais nas questões conscienciais dentro do tema que estamos abordando, de que Jesus está falando? Em realidade, o Mestre está tratando das posturas que temos dentro de nós quando realizamos o trabalho do bem por obrigação e acabamos reclamando do próprio convite para desenvolvermos as virtudes que nos gerarão a felicidade.

Vejamos que eles reclamam da *fadiga* e da *calma do dia.* O foco está fora deles, pois ficam preocupados com os fatores externos, como o calor do dia. Quando o trabalho do bem, especialmente o do autoaperfeiçoamento, gera fadiga ao trabalhador, o que está acontecendo? Trabalho por obrigação e não por conscientização. São os servos que querem recompensas extras, ou seja, privilégios divinos por estarem em um trabalho assim.

Quantos trabalhadores do Movimento Espírita reclamam quando surge algum contratempo em suas vidas, como doenças, problemas de relacionamento no trabalho ou em família, perdas financeiras etc., como se isso pudesse acontecer apenas com outras pessoas? Afinal, elas estão "trabalhando para Jesus" e como é que esses contratempos podem acontecer em suas vidas? Outros trabalham para receber reconhecimento dos outros e, se não o recebem, reclamam.

Esquecem ou fazem questão de não saber que o trabalho do bem tem como objetivo desenvolvermos virtudes, cumprindo as Leis Divinas, e que as Leis, especialmente a Lei de Causa e Efeito, alcançam a todos que tentam defraudar a Lei de Amor, Justiça e Caridade. Tudo o que fizemos contrariando o amor volta para nós para que aprendamos a valorizá-lo, e não é o trabalho do bem que nos livra disso, apenas nos fortalece para que possamos passar pelas expiações e provas com mais equilíbrio, desenvolvendo as virtudes da paciência, da resignação, da perseverança, do amor, do esforço continuado etc.

Voltemos a refletir sobre o *denário.* Não foi acordado um *denário* desde o início, tanto para os que iam trabalhar doze horas quanto para os que iam trabalhar nove, três e uma hora? Portanto, o *denário*, como já refletimos, não é uma cifra, mas um estado de consciência. Porém, se o trabalhador está trabalhando de uma forma não consciencial, é justo ele sentir a alegria consciencial de algo que ele não está vivendo? Por isso, reclamam ao *Pai de Família*, em vez de se regozijar com o trabalho na *vinha*.

No trabalho do bem, somente em sintonia com as questões profundas e superiores do sentido existencial do trabalho em nossas vidas, é que vamos gozar do *denário*. Como o *denário* é a felicidade consciencial daquele que sente o dever cumprido, não há um movimento de barganha, no qual o trabalhador serve com segundas intenções.

Muitos dizem que é melhor trabalhar mesmo reclamando porque um dia a pessoa acaba gostando. Isso é ilusório, pois, ao invés de gostar, as pessoas vão ficando cada vez mais amargas, trabalhando com azedume interior, o que elas acabam levando para as relações pessoais. Reclamam o tempo todo do trabalho que realizam, alfinetando as pessoas à sua volta. Ficam observando o que os outros estão fazendo, se eles estão trabalhando tanto quanto elas, dentre outras questões puramente circunstanciais. Agem exatamente como os trabalhadores da parábola, comparam-se com os outros e querem privilégios. O trabalhador que se sente servo não se centra em si mesmo, e sim no que os outros estão fazendo ou deixando de fazer. Ao contrário, quem está conectado com o *Pai de família* age centrado em si mesmo, nas questões conscienciais da vida, em sua transformação interior, auxiliando os demais com o próprio exemplo.

Se nós não usufruirmos a felicidade consciencial de estarmos no trabalho do bem, alguma coisa está muito errada com a forma como estamos trabalhando, ou o trabalho que estamos realizando é do pseudobem, conforme veremos mais adiante.

Mas ele, respondendo, disse a um deles: Amigo, não te faço injustiça; não ajustaste tu comigo um denário?

Jesus aborda aqui a Lei de Justiça. Havia um contrato de trabalho que estabelecia a remuneração como *um denário*. Todos nós temos um contrato espiritual assinado no mundo espiritual, que diz respeito a nós mesmos e não aos outros, como estudamos na parábola dos vinhateiros homicidas.

A pergunta que Jesus coloca é um convite consciencial para que ele reflita. O que Deus faz conosco o tempo todo? Convida para que possamos refletir na forma como estamos agindo frente à vida.

Como ele iria usufruir *o denário* se ele continuasse nessa postura? Se ficarmos centrados nas questões circunstanciais e nos outros, vamos sentir o *denário* que está dentro? O *denário* está à disposição, mas a pessoa não o usufrui, pois, para isso, é necessário estar centrado nas questões existenciais e conscienciais da vida. É um convite para que a pessoa considere as Leis Divinas na sua própria consciência, principalmente a Lei de Justiça, Amor e Caridade.

O *denário*, conforme Jesus coloca na parábola, é pago para todos, mas o usufruto do *denário* é conforme o estado de consciência de cada um. Depende da hora que cada um vai despertar para a consciência.

As várias horas da parábola, nesse contexto que estamos trabalhando, representam nossos estágios de evolução. São níveis de despertamento da consciência para a superação da ignorância do não saber, do não sentir e não vivenciar a Verdade.

Em um primeiro momento, temos o *denário* à nossa disposição, mas não usufruímos, significando que nem a ignorância do não saber nós superamos. As *horas* vão passando, ou seja, as várias reencarnações sucessivas em que somos convidados a passar por experiências-desafio e experiências-estímulo para produzirmos experiências-aprendizado. Se as usamos bem, vamos superando, gradualmente, os níveis de ignorância do não saber, do não sentir e de não vivenciar a Verdade. Gradativamente, passaremos a usufruir o *denário*, a felicidade de cumprir o dever de exercitar as virtudes cumprindo as Leis Divinas.

Se o trabalhador que *murmura* estivesse em um movimento de sintonia com o *pai de família*, ou seja, em sintonia com Deus e com as Leis, como ele agiria? Com ciúme, inveja e despeito ou com um processo de compaixão e empatia com o outro que trabalhou uma hora e recebeu um *denário*? Ele não ficaria contente também se ele estivesse centrado no *pai* e na *família*? Mas, como o seu movimento era contrário a esse, o que ele fez? Sentiu inveja, despeito, ciúme. Exatamente o que o irmão mais velho da Parábola dos Dois filhos sente quando o irmão mais novo volta para a casa do pai.

Aqui a mesma coisa acontece. Mas como é que a felicidade consciencial proveniente de um dever cumprido pode ser maior para um e menor para outro se ambos são criados por Deus de forma equânime e o sentimento é algo interior? Apenas o usufruto da felicidade é que será maior ou menor se estivermos em sintonia, ou não, com as questões conscienciais.

Se a pessoa está em sintonia, ela se regozija, como o *Pai* disse para o seu filho mais velho que era justo regozijar com a volta do irmão que estava perdido e se achou, na chamada Parábola do Filho Pródigo. Contudo, como ele estava em dissintonia com a Lei de Justiça, Amor e Caridade, em vez de se regozijar, ele se ofende, reclama e blasfema, da mesma forma como os trabalhadores das primeiras horas.

Toma o que é teu e retira-te; eu quero dar a este derradeiro tanto como a ti.

Qual o sentido da frase: *toma o que é teu e retira-te*? Superficialmente, significaria uma expulsão, mas jamais Jesus preconizaria algo assim. Consciencialmente, essa expressão é um convite à pessoa que murmura tomar as suas crenças e retirar--se para dentro de si mesma para refletir sobre o seu movimento de contrariar as Leis Divinas em sua consciência. Somente dessa forma a pessoa conseguirá obter a resposta da pergunta: *Amigo, não te faço injustiça; não ajustaste tu comigo um denário?*

Se estivermos em um processo de reclamação ao realizar o trabalho do bem, focado nas questões circunstanciais e não nas existenciais, estamos baseados em crenças e valores falseados, dessintonizados com as Leis Divinas, e, por isso, é fundamental nos retirar para dentro de nós para meditar sobre essa postura.

Jesus está ensinando que Deus sempre nos dá as oportunidades de retirarmo-nos para dentro de nós com o que é nosso, com essas crenças e valores deturpados, e refletirmos para nos autoconhecer. Fazer esse retiro interior é fundamental para evoluirmos, conforme ensina Santo Agostinho na questão 919 e 919a de *O Livro dos Espíritos*.

Eu quero dar a este derradeiro tanto como a ti. Se a vontade de Deus é oferecer "n" oportunidades para todos em todas as circunstâncias, conforme preconiza a Lei de Misericórdia, nós temos alguma coisa a ver com isso, se é a vontade de Deus? As oportunidades no trabalho do bem se sucedem incessantemente para todos, por isso são muitos os convidados.

Ou não me é lícito fazer o que quiser do que é meu?

Aqui, Jesus aborda que, ao criar as Suas Leis, como a Lei de Misericórdia, Deus age com a Sua Justiça, que Ele aplica conforme a Sua Vontade, e a ninguém é lícito discordar, porque essa justiça é toda feita de magnanimidade e misericórdia.

Ou é mau o teu olho porque eu sou bom?

O que Jesus está falando aqui? Da insubmissão à vontade de Deus. Conforme vimos anteriormente, Deus criou os Espíritos simples e ignorantes e lhes deu o livre-arbítrio para escolher entre o bem e o mal.

O bem é sempre divino, e o mal nós o criamos devido ao nosso *olho mau*, ou seja, o mau uso que o Espírito faz de seu livre-arbítrio não querendo cumprir as Leis Divinas.

Na parábola, o que aconteceu com o trabalhador que trabalhou por doze horas, na hora de usufruir os benefícios do trabalho, ou seja, regozijar-se com o bem realizado? Reclamou, porque não queria cumprir a Lei, especialmente as Leis de Amor, Justiça e Caridade e Misericórdia.

Quando não cumprimos as Leis Divinas, afastamo-nos da felicidade consciencial do dever cumprido. É o que acontece com aqueles que não estão centrados nas próprias questões existenciais, e sim nas circunstâncias que dizem respeito aos outros.

Assim, os derradeiros serão primeiros, e os primeiros, derradeiros, porque muitos são chamados, mas poucos, escolhidos.

Jesus ensina aqui sobre a evolução de cada um nas várias *horas* evolutivas. Vimos que cada hora representa um nível de evolução. Por que *os derradeiros serão os primeiros, e os primeiros, derradeiros?* Porque, nesse caso, a hora trabalhada foi tão produtiva que equivaleu às 12 horas dos outros trabalhadores.

O que significa isso na prática do trabalho no Movimento Espírita? Significa nos entregarmos no limite de nossas forças ao trabalho que estamos sendo convidados a realizar com amor e dedicação.

Para isso, é necessário superar pela reflexão a ignorância do não saber, a fim de compreender o sentido da Doutrina e do Movimento Espírita em nossas vidas, para sentir no coração o sentido de ser espírita, buscando vivenciar plenamente esse sentimento, fazendo exercícios para internalizar os ensinamentos da Doutrina Espírita em nossas vidas e aplicá-los no Movimento Espírita.

Quando vivemos a Doutrina e o Movimento Espírita dessa maneira, vamos ser mais produtivos, pois estamos com a nossa consciência desperta, servindo em Espírito e Verdade na Seara de Jesus. Nessa condição, sentimos o *denário* amplamente, ou seja, a alegria existencial de evoluir e nos aprimorar por meio do trabalho do bem, fazendo sentido em nossas vidas.

Por isso, são necessárias a entrega a Deus e às Suas Leis e a ação em nós desenvolvendo as virtudes no próprio trabalho do bem. Se houver entrega e ação, há usufruto da felicidade consciencial.

Muitas pessoas pensam que trabalhar no Movimento Espírita basta para que a pessoa se transforme. O trabalhador pode trabalhar muito, mas se não se entregar às Leis Divinas, agindo para desenvolver virtudes em processo verdadeiramente de melhoria existencial e somente atuar de forma circunstancial fazendo coisas, sem trabalhar pela sua autoiluminação, ele não vai usufruir do *denário*. Poderá até recebê-lo, como o fez Frederico Figner, o irmão Jacob, autor do livro *Voltei*, psicografia de Francisco Cândido Xavier, mas não sentirá a felicidade, conforme o fizeram os trabalhadores que murmuraram.

É fundamental que aproveitemos a oportunidade de servir na Seara do Mestre, pois Jesus diz que são muitos os convidados para trabalhar na *vinha*, mas poucos os escolhidos. Por que são poucos os escolhidos, apesar de muitos os convidados? Basta estar na *vinha* para poder usufruir do salário? Não! Porque, se o salário é consciencial, não basta estar na atividade para recebê-lo; é necessário cumprir o dever consciencial de servir a Deus com entusiasmo, alegria e disposição. Como são poucos aqueles que servem de forma diligente, são muitos os chamados e poucos os escolhidos.

Estudemos, a seguir, um texto de *O Evangelho Segundo o Espiritismo*, capítulo 20, item 2, que está em consonância com a parábola que estudamos. É uma mensagem de Constantino, espírito protetor:

O obreiro da última hora tem direito ao salário, mas é preciso que a sua boa-vontade o haja conservado à disposição daquele que o tinha de empregar e que o seu retardamento não seja fruto da preguiça ou da má vontade. Tem ele direito ao salário, porque desde a alvorada esperava com impaciência aquele que por fim o chamaria para o trabalho. Laborioso, apenas lhe faltava o labor.

Se, porém, se houvesse negado ao trabalho a qualquer hora do dia; se houvesse dito: "tenhamos paciência, o repouso me é agradável; quando soar a última hora é que será tempo de pensar no salário do dia; que necessidade tenho de me incomodar por um patrão a quem não conheço e não estimo! quanto mais tarde, melhor"; esse tal, meus amigos, não teria tido o salário do obreiro, mas o da preguiça.

Que dizer, então, daquele que, em vez de apenas se conservar inativo, haja empregado as horas destinadas ao labor do dia em praticar atos culposos; que haja blasfemado de Deus, derramado o sangue de seus irmãos, lançado a perturbação nas famílias, arruinado os que nele confiaram, abusado da inocência, que, enfim, se haja cevado em todas as ignomínias da Humanidade? Que será desse? Bastar-lhe-á dizer à última hora: Senhor, empreguei mal o meu tempo; toma-me até ao fim do dia, para que eu execute um pouco, embora bem pouco, da minha tarefa, e dá-me o salário do trabalhador de boa vontade? Não, não; o Senhor lhe dirá: "Não tenho presentemente trabalho para te dar; malbarataste o teu tempo; esqueceste o que havias aprendido; já não sabes trabalhar na minha vinha. Recomeça, portanto, a aprender, quando te achares mais bem disposto, vem ter comigo e eu te franquearei o meu vasto campo, onde poderás trabalhar a qualquer hora do dia."

Bons espíritas, meus bem-amados, sois todos obreiros da última hora. Bem orgulhoso seria aquele que dissesse: Comecei o trabalho ao alvorecer do dia e só o terminarei ao anoitecer. Todos viestes quando fostes chamados, um pouco mais cedo, um pouco mais tarde, para a encarnação cujos grilhões arrastais; mas há quantos séculos e séculos o Senhor vos chamava para a sua vinha, sem que quisésseis penetrar nela! Eis-vos no momento de embolsar o salário; empregai bem a hora que vos resta e não esqueçais nunca que a vossa existência, por longa que vos pareça, mais não é do que um instante fugitivo na imensidade dos tempos que formam para vós a eternidade.

A mensagem deixa claro que os espíritas, que estão à frente do Movimento Espírita, já tiveram outras oportunidades e fracassaram. Não há mais tempo para falir novamente na Seara de Jesus.

Este é um momento de reflexão profunda para todos nós. É fundamental que cada um faça para si as seguintes perguntas: *O que eu estou fazendo com esta hora que Deus me oferece para o trabalho do Bem? Eu estou simplesmente deixando passar o tempo para ver como que as coisas ficarão ou estou, realmente, utilizando todo o tempo disponível para realizar o Bem no limite de minhas forças, para a minha transformação e para auxiliar no processo de regeneração do planeta?*

Como nos diz o Benfeitor, a hora que nos resta, por mais longa que pareça, é um instante na imensidão do tempo.

É imprescindível, nessa hora, lembrar uma passagem do *Evangelho*, anotada por Mateus em 9:37: *Então disse aos seus discípulos: A seara é realmente grande mas poucos são os ceifeiros.* Se refletirmos sobre esta passagem hoje, e perguntar se a seara diminuiu de tamanho nesses dois mil anos, chegaremos à conclusão que aumentou. E os ceifeiros aumentaram de quantidade? Em relação à seara, são em número menor ainda os ceifeiros fiéis.

É muito importante para todos nós fazermos jus ao salário, que reflitamos nessa fala de Jesus e perguntemo-nos: *Eu quero realmente ser um seareiro da vinha de Jesus ou eu vou desperdiçar a hora que me resta?*

Jesus continua em Mateus, 9:38, dizendo: *Rogai pois ao senhor da seara que mande ceifeiros para sua seara.*

Jesus precisa de muitos ceifeiros atuando junto ao Consolador dentro do Movimento Espírita? Sim, com certeza! Ele tem convidado os ceifeiros? Sim! Contudo, quantos realmente se dispõem ao trabalho com eficiência e eficácia, utilizando todos os *talentos* que têm? Quantas pessoas passam pelas Instituições espíritas como convidados? E quantas aceitam o convite e permanecem trabalhando na Seara, servindo a Jesus com fidelidade nas atividades que lhes foram confiadas? Lamentavelmente, são muito poucas. Por isso são muitos os convidados e poucos os escolhidos, porque poucos perseveram na tarefa até o fim, com plena consciência de seus deveres existenciais e circunstanciais.

É fundamental refletir que não existe trabalho do Bem que seja feito sem esforço continuado, paciente, perseverante e disciplinado, porque trabalhar no Bem em um mundo de iniquidade requer muito esforço e dedicação de nossa parte. Trabalhar no Bem em um mundo onde a maioria está buscando os prazeres puramente sensuais da vida é muito trabalhoso e requer esforço, paciência, perseverança e disciplina.

Estudemos agora uma mensagem de Erasto em *O Evangelho Segundo o Espiritismo*, capítulo 20, item 4, "Missão dos Espíritas":

Não escutais já o ruído da tempestade que há de arrebatar o velho mundo e abismar no nada o conjunto das iniquidades terrenas? Ah! bendizei o Senhor, vós que haveis posto a vossa fé na sua soberana justiça e que, novos apóstolos da crença revelada pelas proféticas vozes superiores, ides pregar o novo dogma da reencarnação e da elevação dos Espíritos, conforme tenham cumprido, bem ou mal, suas missões e suportado suas provas terrestres.

Não mais vos assusteis! As línguas de fogo estão sobre as vossas cabeças. Ó verdadeiros adeptos do Espiritismo!... sois os escolhidos de Deus! Ide e pregai a palavra divina. É chegada a hora em que deveis sacrificar à sua propagação os vossos hábitos, os vossos trabalhos, as vossas ocupações fúteis. Ide e pregai. Convosco estão os Espíritos elevados. Certamente falareis a criaturas que não quererão escutar a voz de Deus, porque essa voz as exorta incessantemente à abnegação. Pregareis o desinteresse aos avaros, a abstinência aos dissolutos, a mansidão aos tiranos domésticos, como aos déspotas! Palavras perdidas, eu o sei; mas não importa. Faz-se mister regueis com os vossos suores o terreno onde tendes de semear, porquanto ele não frutificará e não produzirá senão sob os reiterados golpes da enxada e da charrua evangélicas. Ide e pregai!

Ó todos vós, homens de boa-fé, conscientes da vossa inferioridade em face dos mundos disseminados pelo infinito!... lançai-vos em cruzada contra a injustiça e a iniquidade. Ide e proscrevei esse culto do bezerro de ouro, que cada dia mais se alastra. Ide, Deus vos guia! Homens simples e ignorantes, vossas línguas se soltarão e falareis como nenhum orador fala. Ide e pregai, que as populações atentas recolherão ditosas as vossas palavras de consolação, de fraternidade, de esperança e de paz.

Que importam as emboscadas que vos armem pelo caminho! Somente lobos caem em armadilhas para lobos, porquanto o pastor saberá defender suas ovelhas das fogueiras imoladoras. Ide, homens, que, grandes diante de Deus, mais ditosos do que Tomé, credes sem fazerdes questão de ver e aceitais os fatos da mediunidade, mesmo quando não tenhais conseguido obtê-los por vós mesmos; ide, o Espírito de Deus vos conduz.

Marcha, pois, avante, falange imponente pela tua fé! Diante de ti os grandes batalhões dos incrédulos se dissiparão, como a bruma da manhã aos primeiros raios do Sol nascente.

A fé é a virtude que desloca montanhas, disse Jesus. Todavia, mais pesados do que as maiores montanhas, jazem depositados nos corações dos homens a impureza e todos os vícios que derivam da impureza. Parti, então, cheios de coragem, para removerdes essa montanha de iniquidades que as futuras gerações só deverão conhecer como lenda, do mesmo modo que vós, que só muito imperfeitamente conheceis os tempos que antecederam a civilização pagã.

Sim, em todos os pontos do globo vão produzir-se as subversões morais e filosóficas. Aproxima-se a hora em que a luz divina se espargirá sobre os dois mundos.

Ide, pois, e levai a palavra divina: aos grandes que a desprezarão, aos eruditos que exigirão provas, aos pequenos e simples que a aceitarão; porque, principalmente entre os mártires do trabalho, desta provação terrena, encontrareis fervor e fé. Ide; estes receberão, com hinos de gratidão e louvores a Deus, a santa consolação que lhes levareis, e baixarão a fronte, renden-do-lhe graças pelas aflições que a Terra lhes destina.

Arme-se a vossa falange de decisão e coragem! Mãos à obra! o arado está pronto; a terra espera; arai!

Ide e agradecei a Deus a gloriosa tarefa que Ele vos confiou; mas, atenção! entre os chamados para o Espiritismo muitos se transviaram; reparai, pois, vosso caminho e segui a verdade.

Pergunta. – Se, entre os chamados para o Espiritismo, muitos se transviaram, quais os sinais pelos quais reconheceremos os que se acham no bom caminho?

Resposta. – Reconhecê-los-eis pelos princípios da verdadeira caridade que eles ensinarão e praticarão. Reconhecê-los-eis pelo número de aflitos a que levem consolo; reconhecê-los-eis pelo seu amor ao próximo, pela sua abnegação, pelo seu desin-teresse pessoal; reconhecê-los-eis, finalmente, pelo triunfo de seus princípios, porque Deus quer o triunfo de Sua lei; os que seguem Sua lei, esses são os escolhidos e Ele lhes dará a vitó-ria; mas Ele destruirá aqueles que falseiam o espírito dessa lei e fazem dela degrau para contentar sua vaidade e sua ambição. – Erasto, anjo da guarda do médium. (Paris, 1863.)

As orientações de Erasto são muito claras e nos concla-mam à responsabilidade que temos como trabalhadores da úl-tima hora, de trilharmos os caminhos da Seara de Jesus com entusiasmo, coragem, dedicação, abnegação e profundo desin-teresse pessoal.

Agora, para finalizar este capítulo, reflitamos sobre o que Jesus diz ao final da Parábola da Vinha: "Assim, os derradeiros serão primeiros, e os primeiros, derradeiros, porque muitos são chamados, mas poucos, escolhidos". Para melhor compreender esse detalhe da parábola, no contexto do trabalho que somos convidados a realizar no Movimento Espírita, estudemos um texto de O Evangelho Segundo o Espiritismo, capítulo 20, item 5, mensagem: "Os obreiros do Senhor", do Espírito de Verdade:

Aproxima-se o tempo em que se cumprirão as coisas anunciadas para a transformação da Humanidade. Ditosos serão os que houverem trabalhado no campo do Senhor, com desinteresse e sem outro móvel, senão a caridade! Seus dias de trabalho serão pagos pelo cêntuplo do que tiverem esperado. Ditosos os que hajam dito a seus irmãos: "Trabalhemos juntos e unamos os nossos esforços, a fim de que o Senhor, ao chegar, encontre acabada a obra", porquanto o Senhor lhes dirá: "Vinde a mim, vós que sois bons servidores, vós que soubestes impor silêncio aos vossos ciúmes e às vossas discórdias, a fim de que daí não viesse dano para a obra!" Mas, ai daqueles que, por efeito das suas dissensões, houverem retardado a hora da colheita, pois a tempestade virá e eles serão levados no turbilhão! Clamarão: "Graça! graça!" O Senhor, porém, lhes dirá: "Como implorais graças, vós que não tivestes piedade dos vossos irmãos e que vos negastes a estender-lhes as mãos, que esmagastes o fraco, em vez de o amparardes? Como suplicais graças, vós que buscastes a vossa recompensa nos gozos da Terra e na satisfação do vosso orgulho? Já recebestes a vossa recompensa, tal qual a quisestes. Nada mais vos cabe pedir; as recompensas celestes são para os que não tenham buscado as recompensas da Terra".

Deus procede, neste momento, ao censo dos seus servidores fiéis e já marcou com o dedo aqueles cujo devotamento é apenas aparente, a fim de que não usurpem o salário dos servidores animosos, pois aos que não recuarem diante de suas tarefas é que ele vai confiar os postos mais difíceis na grande obra da regeneração pelo Espiritismo. Cumprir-se-ão estas palavras: "Os primeiros serão os últimos e os últimos serão os primeiros no reino dos céus".

O Espírito de Verdade (Paris, 1862)

Em suas orientações, o Espírito de Verdade usa uma metáfora muito significativa para explicar que todo o processo da escolha é consciencial: "Deus procede, neste momento, ao censo dos seus servidores fiéis e já **marcou com o dedo** aqueles cujo devotamento é apenas aparente". Como todos trazemos as Leis

Divinas (marca do *dedo* de Deus) em nossas consciências, não é possível escamotear com um devotamento apenas aparente, pois tudo o que fazemos fica registrado na consciência e esta determina se somos servidores fiéis ou não.

Somos, portanto, convidados a realizar as nossas atividades com fidelidade ao Bem, nesta última *hora* que nos resta. Caso assim ocorra, seremos os primeiros servidores *na grande obra de regeneração pelo Espiritismo* nos próximos séculos.

9

Parábola

DA REPARAÇÃO
(PARÁBOLA DO JUIZ E DA VIÚVA)

✖

Estudaremos, a seguir a **Parábola da Reparação** (Parábola do Juiz e da Viúva) dentro de uma abordagem psicológica consciencial.

A parábola foi anotada por Lucas, no capítulo 18:2 a 5:

Havia em certa cidade um juiz, que não temia a Deus nem respeitava homem algum.

Havia também naquela mesma cidade uma viúva que vinha ter com ele, dizendo: julga a minha causa contra o meu adversário.

Ele por algum tempo não a quis atender, mas depois disse consigo: Bem eu não temo a Deus nem respeito a homem algum.

Todavia, como esta viúva me importuna, julgarei a sua causa para não suceder que por fim venha a molestar-me.

Vejamos os principais símbolos da parábola:

- **Uma certa cidade**: significa a consciência da criatura onde estão presentes as Leis Divinas.

- **Juiz**: simboliza a Lei de Causa e Efeito presente na consciência.

- **Viúva**: simboliza o impulso de reparação ante os equívocos cometidos perante às Leis Divinas.

- **Adversário**: simboliza a culpa.

Essa parábola retrata o significado da reparação quando o Espírito tenta afrontar as Leis Divinas, especialmente a Lei de Amor, Justiça e Caridade. Reflitamos a exegese psicológica consciencial de cada versículo.

Havia em certa cidade um juiz, que não temia a Deus nem respeitava homem algum.

Nas raízes profundas dos conceitos externados por Jesus, há sempre o encontro consciencial das Leis Divinas presentes no âmago do Espírito. Essa parábola é de profundidade na sua simplicidade e demonstra a sublime capacidade de síntese do Mestre.

Em uma abordagem psicológica consciencial, o símbolo *em certa cidade...* significa a própria consciência onde estão presentes as Leis Divinas.

Nessa *cidade,* havia *um juiz que não temia a Deus, nem respeitava homem algum.* Esse *juiz* simboliza a Lei de Causa e Efeito presente na própria consciência e que, por isso, está retratada como aparentemente iníqua, mas em realidade caracteriza-se pela forma como a Lei de Causa e Efeito se processa na vida de todos sem exceção e nisso se explica o porquê de *não temer a Deus, nem homem algum.*

A Lei de Causa e Efeito é inexorável. Jesus demonstra a profunda conexão dessa Lei com as Leis de Justiça e de Igualdade, porquanto nenhum ser humano dela pode se considerar isento. A expressão *não teme a Deus* está perfeitamente integrada à ideia da consciência profunda, que se permite agir a favor da própria evolução na sublimação das causas e na reparação dos efeitos. A consciência quando em processo de reparação *não teme a Deus*, ama-o de todo entendimento, de todo coração, de toda alma, conforme Jesus nos ensina.

Aliás, o temor a Deus é uma crença teológico-dogmática que induz a crer que Deus é um ser que pune aqueles que estão em erro. Jesus ensina que Deus nos ama e somos convidados a amá-lo e não a temê-lo.

Portanto, a abordagem da parábola sobre *o não temer a Deus, nem respeitar homem algum* deve ser interpretada em sua característica profunda como uma das formas como se processa a Lei de Causa e Efeito na consciência. Essa Lei não teme a Deus porque é uma das Leis de Deus, e está integrada em Seus desígnios, cumprindo as Suas determinações e se faz justa, do ponto de vista moral e material, para todos os seres humanos.

A simbologia da expressão *não respeita homem algum* não se refere ao sentimento de desrespeito humano, mas trata-se de uma característica de equanimidade. O respeito na época em que Jesus proferiu essa parábola estava ligado, como ainda hoje, à ideia de títulos e destaques superficiais relacionados ao privilégio das posições, significando reverência aos poderosos. Nessa parábola, Jesus coloca com sublime propriedade espiritual que ninguém está isento da ação da Lei de Causa e Efeito, ou seja, das consequências dos seus atos, por mais que aos olhos do mundo seja um indivíduo reverenciado devido ao poder e posses que tenha na Terra.

Havia também naquela mesma cidade uma viúva que vinha ter com ele, dizendo: julga a minha causa contra o meu adversário.

Jesus escolhe a viúva para simbolizar o impulso de reparação ante o equívoco cometido. Isso se explica porque na figura da viúva encontramos a personificação da fragilidade em busca do amparo, da fortaleza. A viúva culturalmente àquela época – e, de certa forma, ainda assim nos dias atuais – é a expressão da necessidade a ser acolhida e protegida.

Quando uma pessoa realiza ações contrárias à Lei de Amor, Justiça e Caridade, produz uma desconexão temporária com o Ser Essencial e com Deus, uma *viuvez* passageira, na qual entra num sentimento de autodesamparo.

Devido a isso, acontece um processo de inquietação, angústia, desânimo gerado por um grande adversário – a culpa. A *viúva*, portanto, simboliza a **vontade profunda de reparação** e o *adversário* simboliza a culpa.

Todas as vezes em que o Espírito imortal realiza qualquer ação ou pensamento contra as Leis Divinas, o *Juiz* (Lei de Causa e Efeito) é imediatamente acionado para cumprir o que determina a Lei de Harmonia que jamais está ausente na intimidade da criatura e se manifesta em forma de vontade de reparação.

Essa vontade, porém, quando frágil e sem estímulo sofre o tacão do *adversário* (culpa) que se expressa importunando a paz do indivíduo. Podemos dizer, portanto, que, antes de existir a *viúva importuna*, existe o *adversário* contumaz e insuportável da culpa. A *viúva* somente se faz *importuna* por causa do *adversário* que não permite que o Espírito imortal fique em paz, e isso aciona no imo da consciência a profunda vontade de se aliviar do peso, do amargor, da inquietação. Contudo, somente com a Lei do Trabalho se reparam os males, e isso constitui a mudança da causa fazendo emergir um novo efeito.

Aprofundemos, a seguir, em reflexões sobre os malefícios da culpa e a vontade de reparação, que a transmuta totalmente.

A pessoa que se torna atormentada por um sentimento de culpa pode trazer esse sentimento de um fato bastante objetivo, da qual ela se lembra perfeitamente, por exemplo, um aborto cometido, uma traição, um assassinato etc., ou algo que ela não se dá conta conscientemente. Nesse caso, há uma culpa intrínseca, sem um fato real, no qual possa se referir objetivamente. A pessoa sente culpa sem saber o porquê. Comumente, ela atribui a si mesma a culpa de tudo que acontece negativamente em sua vida e na das pessoas com as quais ela convive, em um processo irracional, mas perfeitamente explicável à luz das Leis da Reencarnação e de Causa e Efeito.

Esse sentimento de culpa tem como raiz situações criminosas cometidas no passado espiritual da pessoa, cujas lembranças estão reprimidas em nível subconsciente, mas que afloram sob a forma dessa culpa sem motivo aparente.

As pessoas que se culpam continuam tendo as mesmas atitudes equivocadas que acham que não deveriam ter tomado, e se penitenciam com a culpa. Repetem, exaustivamente, expressões como: *Eu não devia ter feito isso... Eu deveria ter agido de forma diferente...*

Estão sempre focadas no passado, naquilo que fizeram ou no que deixaram de fazer. Tudo isso gera conflitos, mas que, ao invés de resultarem em mudanças, produzem mais culpa.

Repetem essa conduta de errar, se culpar, errar novamente, num círculo vicioso. Se aceitassem o conflito proveniente do erro, não entrariam em culpa, mas em arrependimento e reparação. O arrependimento é salutar. O arrependimento é o instante do reconhecimento do erro gerador do conflito. A pessoa reconhece que não agiu bem. Ao reconhecer que não agiu bem, seja na presente existência ou em existências anteriores, arrepende-se e passa a buscar um modo de reparar os erros.

O conflito, portanto, é um momento que antecede o arrependimento. É o momento em que a nossa consciência, na qual está inscrita a Lei de Deus, sinaliza que há alguma coisa errada. Isso acontece para que haja o reconhecimento do que está errado, arrependamo-nos, responsabilizemo-nos pelo erro e o reparemos, porque somos cocriadores da divindade. Errar faz parte do nosso processo evolutivo, mas aprender a acertar é a nossa meta maior, até a completa purificação espiritual.

A culpa é formada pelos movimentos de autojulgamento, autocondenação, autopunição e autopiedade. A pessoa sente a culpa e se pune pelo fato cometido consciente ou subconscientemente. A autopunição a leva a achar que não merece ser feliz, que tem que sofrer para pagar o delito cometido. Esse pensamento leva a doenças físicas e emocionais, como a depressão, que funciona como uma sentença, cuja pena ela mesma se impõe. Ela se vitima e sofre. Ela continua fazendo a mesma coisa e se penitencia com a culpa, repete sempre isso, indefinidamente, até cair em si e se cansar desse movimento em vão.

Devido a essa constante autopunição, surge a autopiedade, pois a pessoa se sente muito infeliz pela situação, gerando dó, autopiedade, por estar nessa condição. Com essa atitude, ela se acha vítima das circunstâncias, como se o mundo conspirasse contra ela e se sente mais infeliz ainda, sentindo uma culpa ainda maior. Ela cai num círculo vicioso de autojulgamento, autocondenação, autopunição e autopiedade.

Para se conseguir a saúde emocional, torna-se necessária a liberação da culpa pelos erros cometidos, quer estejamos conscientes deles ou não. Quem se culpa não assume a responsabilidade pela sua vida. É um movimento de fuga, uma situação cômoda. É mais fácil sofrer e se sentir um coitado do que tomar nas mãos a responsabilidade por construir a própria felicidade, pois isso só acontece com esforço pessoal.

A culpa nos faz sentir uma situação que requer tratamento. A *consciência de culpa* não seria uma consciência, mas uma pseudoconsciência. Quando o indivíduo constata uma ação equivocada, ele tem dois movimentos: ou se fixa na conduta egoica ou se fixa na conduta essencial consciente. Ação equivocada na abordagem psicológica consciencial significa todo ato contrário à Lei Divina, ou seja, atos de desamor ou pseudoamor (que tenta esconder o desamor), cometidos contra si mesmo, outras pessoas ou seres, enfim contra a Vida. Quando cometemos um erro, estamos assumindo uma postura egoica. Essa atitude equivocada pode acontecer por ignorância ou por desprezo ao que é correto, ao que está em conformidade com os princípios da lei de amor. Toda atitude equivocada tem a sua consequência e sempre arcaremos com ela.

Vejamos detalhadamente o movimento egoico relativo à culpa e o movimento essencial para nos libertarmos dela.

Todo movimento egoico sempre tem duas polaridades: uma passiva e outra reativa. Na polaridade passiva, temos o *desculpismo*, e, na reativa, o *culpismo*.

O processo do **culpismo** é formado por três atitudes: *julgamento, condenação e punição*, que pode ser tanto de si mesmo como dos outros. Diante de um ato equivocado que possa ter cometido, a pessoa se *autojulga*, considerando a ação errada, por isso se *autocondena* e, posteriormente, se *autopune* para sofrer as consequências de seu erro. Em algumas pessoas, seguindo-se à autopunição existe uma quarta atitude, que é a de *autopiedade*, por se sentir uma coitada, sofrendo dolorosamente sem perdão. A mesma coisa fazemos com os erros dos outros: os julgamos, condenamos e punimos. Percebamos que esse é um processo de pseudoconsciência ou de pseudorresponsabilidade, pois a pessoa não muda em nada o ato praticado com este movimento.

O processo do **desculpismo** também é formado por três atitudes: *julgamento, justificativa e irresponsabilidade*. Diante de um ato equivocado, a pessoa se autojulga, considerando a ação errada, mas, ao invés de se autocondenar como no processo anterior, entra numa atitude de se autojustificar, buscando culpar outras pessoas reais ou imaginárias ou a sociedade, o governo ou até Deus pelo seu equívoco, assumindo uma conduta irresponsável que a faz fugir do erro praticado, como se isso fosse possível. Da mesma forma como no anterior, podemos usar o desculpismo com os outros quando percebemos algum comportamento errado neles, e então o justificamos de forma irresponsável. Normalmente, isso acontece com pessoas próximas a nós que dizemos amar, mas que, na verdade, envolvemos com pseudoamor, conivindo com seus erros.

Percebamos que, com esses dois movimentos, o indivíduo se fixa na conduta egoica, mantendo-se na inércia do erro, numa postura rígida e improdutiva. Ao cultivar a culpa e a desculpa, ele aprofunda o movimento egoico. Estes processos constituem um mecanismo psicológico que atesta a nossa inferioridade, resultado do orgulho e da preguiça moral, porque toda modificação pede de nós um esforço. Quando se cai, somos convidados a fazer um esforço para levantar. Todo corpo precisa se esforçar para se manter de pé. Ficar caído é mais cômodo. Além disso, causa nas pessoas uma comoção.

Nessa postura de pseudoamor, de autopiedade, a criatura recebe migalhas de afetividade. Quem se culpa não assume a responsabilidade pelo conduzimento da sua vida. Constitui-se, num nível profundo, um movimento de fuga. É mais fácil sofrer e se sentir um coitado, do que tomar nas mãos a responsabilidade por construir a própria felicidade, pois isso só acontece com esforço pessoal.

Quando o indivíduo culpa-se pelo equívoco, esse processo acaba por inibir intensamente o Ser Essencial, formando uma espécie de anel energético em torno dele, impedindo a sua expansão. Com isso, a pessoa impede que os próprios sentimentos egoicos que geraram a culpa sejam transmutados, fato esse que só ocorre por meio da expansão do Ser Essencial. Isso gera um círculo vicioso no qual a incidência nos equívocos leva à culpa, que ampliará as energias do ego, inibindo o Ser Essencial, o que gera uma culpa ainda maior.

Para nos libertarmos tanto da culpa quanto da desculpa, somos convidados a cultivar o processo da **ação responsável**. Ele é fruto da observação amorosa tanto de nós mesmos quanto dos outros, pela qual nos responsabilizamos pelos nossos atos. Somente por meio do amor é que podemos nos libertar da culpa e da tentativa de fugir dela. Vejamos como podemos proceder.

A **ação responsável** é um processo de *autoconsciência* composto pelas seguintes atitudes: *responsabilização, arrependimento, autoanálise, aprendizado* e *reparação*.

Todo ser humano é ainda imperfeito e, por isso, quando for realizar uma ação, sempre terá dois resultados o acerto ou o erro. O acerto, dentro da visão consciencial, será sempre um ato de amor diante da vida. O erro, como vimos anteriormente, é um ato de desamor, evidente ou mascarado. O *culpismo* é um processo de se tentar substituir um ato de desamor por outro ato de desamor. O *desculpismo* é a tentativa de substituir o desamor pelo pseudoamor. Em ambos os movimentos, a conduta é pseudoconsciente e irresponsável.

A *ação responsável* é um processo de autoexame consciente de si mesmo propiciador do autoperdão. Inicia-se com a *autoconsciência*, na qual a pessoa irá perceber os seus atos, classificando-os em acertos, quando estiverem em conformidade com a Lei de Amor, Justiça e Caridade, e erros, quando forem provenientes do desamor e pseudoamor.

Ao se perceber em erro, ao invés de entrar no julgamento gerador do remorso ineficaz proveniente da culpa ou na tentativa infrutífera de fugir da mesma, o indivíduo tem uma atitude *responsável*, não de autoacusação, mas de perceber que foi ele que cometeu aquele ato e somente ele poderá repará-lo. Após assumir a responsabilidade, segue-se o *arrependimento*, pois o erro praticado é um ato de desamor, portanto contrário às Leis Divinas e, por isso, é necessário se arrepender de tê-lo cometido.

Após se *arrepender*, inicia uma *autoanálise* do erro, buscando examiná-lo, isto é, refletir sobre o motivo pelo qual cometeu aquela ação equivocada, o que o levou a agir com desamor, para poder *aprender* com o erro. Percebamos, com isso, que o erro faz parte da pedagogia divina, pois do contrário Ele teria nos criado perfeitos para não errar.

Se buscarmos sempre no erro cometido um *aprendizado*, estaremos evoluindo tanto com os acertos quanto com os erros. No final, o que conta sempre é a evolução do ser humano na busca da sua iluminação. Após ter buscado *aprender* com o erro, somos convidados a iniciar ações de *reparação*. A *ação responsável* diante da vida pede-nos que reparemos o desamor, transformando-o em atos de amor.

Portanto, o **autoperdão** não é uma simples anulação do erro de forma fácil como muitos pensam, mas uma ação consciente que **requer responsabilidade, arrependimento,** exercícios de **autoanálise, aprendizado, e reparação**, buscando praticar ações amorosas diante da vida que vão substituindo gradativamente o desamor e o pseudoamor que existem em nós por amor, transformando as energias egoicas em energias essenciais.

Esse é o movimento interno que propicia o autoperdão. Quem não se perdoa carrega o fardo pesado da culpa desnecessariamente, como também, se não perdoa os outros, carrega o fardo pesado do ressentimento, da mágoa e do ódio inutilmente. A vida se torna insuportável. No entanto, se o indivíduo assumir a mansuetude e a humildade preconizada por Jesus, poderá se dar oportunidade de refazer o caminho através do autoperdão: *"Vinde a mim, todos os que estais cansados e oprimidos, e eu vos aliviarei. Tomai sobre vós o meu jugo, e aprendei de mim, que sou manso e humilde de coração, e encontrareis descanso para a vossa alma. Porque o meu jugo é suave, e o meu fardo é leve".*

Vejamos o que a Mentora Joanna de Ângelis aborda sobre a questão:

O autoperdão é uma necessidade para luarizar a culpa, o que não implica em acreditar haver agido corretamente, ou justificar a ação infeliz. Significa dar-se oportunidade de crescimento interior, de reparação dos prejuízos, de aceitação das próprias estruturas, que deverão ser fortalecidas. Graças a essa compreensão, torna-se mais fácil o perdão aos outros, sem discussão dos fatores que geraram o atrito, com imediato, natural olvido do incidente [...].[13]

Façamos uma analogia para facilitar o entendimento desses três processos: **culpismo, desculpismo e ação responsável.**

Suponhamos que a cada reencarnação recebêssemos do Criador um canteiro com uma terra muito fértil para plantar

---

13 Autodescobrimento. Joanna de Ângelis, p. 108.

flores durante toda a nossa vida. Nascemos já com as sementes das flores, mas, ao invés de plantá-las, arranjamos sementes de espinhos e as semeamos enchendo o nosso canteiro de espinheiros.

E vamos plantando os nossos espinhos até que chega um dia em que olhamos para trás e percebemos todo aquele espinheiro. Podemos ter três atitudes diferentes diante daquele espinheiro. A pessoa que cultua o culpismo, devido ao remorso de não ter plantado as flores que deveria, simplesmente se condena a deitar e rolar no espinheiro para se punir, macerando o próprio corpo de modo a tentar aliviar a consciência. Aquela outra que cultua o desculpismo começa a dizer que foi o vento que trouxe as sementes de espinhos ou que alguém entrou ali e os plantou, que ela não tem nada a ver com isso etc. Já quem busca a ação responsável, ao perceber o espinheiro, assume tê-lo plantado, arrepende-se do fato. Contudo, ela percebe que as sementes das flores continuam em suas mãos e que pode começar a plantá-las agora que está mais consciente. Ao mesmo tempo, sabe que deve retirar um a um todos os espinhos plantados e plantar uma flor no seu lugar. *Em verdade te digo que de maneira nenhuma sairás dali enquanto não pagares o último ceitil* (Mateus, 5:26).

Vejamos as três atitudes. Na primeira, de que adianta cravar os espinhos plantados na própria carne? O que acontece quando essa pessoa faz isso? Os espinhos diminuem de quantidade quando ela assim o faz? Esse é o mecanismo do culpismo, completamente inútil.

A pessoa tenta substituir os atos de desamor praticados à vida, com mais desamor para consigo mesma, achando que assim procedendo está se libertando. Ao contrário, está cometendo erros ainda mais graves, pois esses a impedem de realizar os atos amorosos que é convidada a realizar. Enquanto ela sofre, o espinheiro continua do mesmo tamanho e o canteiro permanece esperando o plantio das flores.

Já aquela que finge que o espinheiro não tem nada a ver com ela também posterga o despertar da consciência, que, mais cedo ou mais tarde, irá se manifestar. Muitas vezes, por agir assim, continua plantando mais espinhos.

Percebamos que somente a última proposta é eficaz, é uma atitude proativa, porquanto, ao assumir a responsabilidade pelos espinhos plantados, arrepender-se e buscar substituí-los pelas flores a pessoa realiza aquilo que o Criador espera dela, que ela evolua tanto com os erros quanto com os acertos. Essa é a proposta ensinada por Jesus; que substituamos os nossos pecados (erros) por amor e não tornemos a pecar (errar), conforme recomendou a Maria de Magdala na passagem referida por Lucas no capítulo 7 vv. 37 a 50.

Somente cultivando o autoamor é que iremos evoluir, e não odiando a nós mesmos no processo de culpa. Quem se ama se enche de felicidade, cultivando as flores de amor para embelezar a própria e a vida de outras pessoas. Essa proposta dá trabalho. Ser feliz é trabalhoso, por isso a maioria das pessoas cultua a culpa e a desculpa devido à preguiça moral. Mas, cedo ou tarde, todos despertaremos para esse mecanismo produtivo de autorrenovação, buscando o cultivo do amor e da felicidade.

Aprofundemos mais as nossas reflexões à luz da obra kardequiana. Reflitamos o que Allan Kardec diz em *O Céu e o Inferno*, capítulo VII, da primeira parte: "Código penal da vida futura":

> O Espiritismo não vem, pois, com sua autoridade privada, formular um código de fantasia; a sua lei, no que respeita ao futuro da alma, deduzida das observações do fato, pode resumir-se nos seguintes pontos:
>
> [...]
>
> 16º – O arrependimento, conquanto seja o primeiro passo para a regeneração, não basta por si só; são precisas a *expiação* e a *reparação*.

Arrependimento, expiação e *reparação* constituem, portanto, as três condições necessárias para apagar os traços de uma falta e suas consequências. O arrependimento suaviza os travos da expiação, abrindo pela esperança o caminho da reabilitação; só a reparação, contudo, pode anular o efeito destruindo-lhe a causa. Do contrário, o perdão seria uma graça, não uma anulação.

17º – O arrependimento pode dar-se por toda parte e em qualquer tempo; se for tarde, porém, o culpado sofre por mais tempo. Até que os últimos vestígios da falta desapareçam, a expiação consiste nos sofrimentos físicos e morais que lhe são consequentes, seja na vida atual, seja na vida espiritual após a morte, ou ainda em nova existência corporal.

A reparação consiste em fazer o bem àqueles a quem se havia feito o mal. Quem não repara os seus erros numa existência, por fraqueza ou má vontade, achar-se-á numa existência ulterior em contato com as mesmas pessoas que de si tiverem queixas, e em condições voluntariamente escolhidas, de modo a demonstrar-lhes reconhecimento e fazer-lhes tanto bem quanto mal lhes tenha feito. Nem todas as faltas acarretam prejuízo direto e efetivo; em tais casos a reparação se opera, fazendo-se o que se deveria fazer e foi descurado; cumprindo os deveres desprezados, as missões não preenchidas; praticando o bem em compensação ao mal praticado, isto é, tornando-se humilde se se tem sido orgulhoso, amável se se foi austero, caridoso se se tem sido egoísta, benigno se se tem sido perverso, laborioso se se tem sido ocioso, útil se se tem sido inútil, frugal se se tem sido intemperante, trocando em suma por bons os maus exemplos perpetrados. E desse modo progride o Espírito, aproveitando--se do próprio passado.

Nota de Allan Kardec: A necessidade da reparação é um princípio de rigorosa justiça, que se pode considerar verdadeira lei de reabilitação moral dos Espíritos. Entretanto, essa doutrina religião alguma ainda a proclamou. Algumas pessoas repelem--na porque acham mais cômodo o poder quitarem-se das más ações por um simples arrependimento, que não custa mais que palavras, por meio de algumas fórmulas; contudo, crendo-se, assim, quites, verão mais tarde se isso lhes bastava. Nós poderíamos perguntar se esse princípio não é consagrado pela lei humana, e se a justiça divina pode ser inferior à dos homens? E mais, se essas leis se dariam por desafrontadas desde que o indivíduo que as transgredisse, por abuso de confiança, se limitasse a dizer que as respeita infinitamente.

Para que nos libertemos efetivamente da culpa, é necessário agirmos na causa, ou seja, no mal. O primeiro passo para que isso aconteça é o *arrependimento,* que deve ser sincero e decisivo, e que não basta por si só; são necessárias a *expiação* e a *reparação.*

Expiação, etimologicamente, significa ação para extrair a pureza (*ex* – extrair, *pia* – pureza). É possível que aconteça em ambos os planos da vida, porquanto é uma condição imposta ao Espírito imortal, que defraudou a Lei Divina.

Vejamos *O Livro dos Espíritos*:

Questão 998. *A expiação se cumpre no estado corporal ou no estado espiritual?*

"A expiação se cumpre durante a existência corporal, mediante as provas a que o Espírito se acha submetido e, na vida espiritual, pelos sofrimentos morais, inerentes ao estado de inferioridade do Espírito."

A expiação é o grande convite da vida, entretanto, se não for aceito, ou seja, aproveitado pelo Espírito, de nada adiantará. Para que a expiação seja bem aproveitada, somos convidados a recebê-la com resignação, e, posteriormente ou conjuntamente a ela, deve haver a reparação, que consiste em fazer o bem, desenvolvendo as virtudes cristãs.

Daí se explica que o sentido da Vida seja desenvolver as virtudes, pois todos somos, em maior ou menor grau, Espíritos equivocados do passado. Logo, temos o dever de reparar todos os equívocos praticados.

Voltemos a *O Livro dos Espíritos*:

Questão 1000. *Já desde esta vida poderemos ir resgatando as nossas faltas?*

"Sim, reparando-as. Mas, não creiais que as resgateis mediante algumas privações pueris, ou distribuindo em esmolas o que possuirdes, depois que morrerdes, quando de nada mais precisais. Deus não dá valor a um arrependimento estéril, sempre fácil e que apenas custa o esforço de bater no peito. A perda de um dedo mínimo, quando se esteja prestando um serviço, apaga mais faltas do que o suplício da carne suportado durante anos, com objetivo exclusivamente *pessoal*.

"Só por meio do bem se repara o mal e a reparação nenhum mérito apresenta, se não atinge o homem *nem no seu orgulho, nem nos seus interesses materiais*.

"De que serve, para sua justificação, que restitua, depois de morrer, os bens mal adquiridos, quando se lhe tornaram inúteis e deles tirou todo o proveito?

"De que lhe serve privar-se de alguns gozos fúteis, de algumas superfluidades, se permanece integral o dano que causou a outrem?

"De que lhe serve, finalmente, humilhar-se diante de Deus se, perante os homens, conserva o seu orgulho?".

Consoante as elucidações dos Benfeitores Espirituais, é possível que comecemos a reparar as nossas faltas ainda na mesma existência em que são praticadas, haja vista a reparação se dar no nível do desenvolvimento das virtudes.

Sem dúvida, em muitos casos seremos levados a expiar as nossas faltas em novas reencarnações, tendo em vista a gravidade dos atos praticados. Porém, se desde já começarmos a agir no bem, pelo bem de nós mesmos e do próximo, com certeza, suavizaremos as dores da *expiação*.

No Evangelho de Lucas, capítulo 7:37 a 50, está anotado o encontro terapêutico de Jesus com Maria de Magdala, Espírito muito equivocado, mas que, ao conhecer Jesus, envidou todos os esforços para desenvolver as virtudes no coração, trabalhando pela sua autotransformação.

Nesse encontro, entre o Mestre e a mulher, acerca da reparação iniciada por ela, Jesus exclama: *Por isso, te digo que os seus muitos pecados lhe são perdoados, porque muito amou; mas aquele a quem pouco é perdoado pouco ama*, demonstrando que a reparação só será realizada pelo amor e não pelo sofrimento.

A seguir, para ilustrar como acontece o processo de reparação, vamos refletir sobre situações graves que acontecem em um planeta de expiações e provas como o nosso. Estudemos uma questão do livro *Sexualidade e Saúde Espiritual*, da Editora Espiritizar, que aborda a questão do estupro frente às Leis Divinas. O seu raciocínio pode ser ampliado para todas as questões drásticas e dolorosas que acontecem em nossas vidas, tais como a violência urbana, o fenômeno das "balas perdidas" etc.

47 – Como conciliar com a onipotência, onisciência e onipresença divinas o fato de uma mulher ser estuprada, já que, na questão anterior, foi dito que ela não veio para ser submetida a essa violência por não estar em conformidade com as Leis Divinas?

"No caso, nós temos, diante de nós, um questionamento de ordem vital: pode acontecer a qualquer indivíduo algo que Deus não permita? Não, **tudo passa pela Lei de Permissão.** Não é da vontade de Deus a violência, mas sem a Sua permissão nada acontece. **Tudo o que Deus permite tem uma causa e um propósito.**

"Logo, a vítima do estupro veio para uma reencarnação, em tarefa promissora de reparação e de progresso, mas **o Espírito, antes de tudo, transita, por meio da Lei de Justiça, nas condições de expiações e provações, para que possa superar os débitos que traz na consciência.**

"De maneira alguma a onipotência, a onipresença e a onisciência divina condizem com o ato do estupro e tanto quanto ninguém veio para fazer o mal ninguém veio para receber o mal de alguém.

"Entretanto, avançando na casa das reencarnações várias, os Espíritos transitam de um lado para o outro, carregando, no seu próprio âmago, necessidades íntimas com a Justiça Divina.

"No caso dessa mulher que foi violentada, o que se aplica a ela? **O que se aplica a ela é a Lei de Justiça em sintonia com a Lei de Causa e Efeito**, porque não há um efeito sem uma causa, então, existe, na conta da vida dela, devido aos atos cometidos no passado, uma causa que justifique aquele estupro e, essa causa, não estando fora dela, está nela, na sua própria consciência.

"Logo, o ato cometido contra ela, é deliberado por aquele que o cometeu, mas **o ato que a alcançou só ocorreu porque, no âmago de sua consciência, o Espírito vibrava por justiça íntima** e como ainda não havia se preparado, psíquica e espiritualmente, para reparar a justiça em sintonia com a Lei de Amor, **pela Lei da Atração, a justiça lhe chegou dessa forma, pela dor.** Isso acontece porque o **Espírito também tem um tempo com a justiça divina para poder se preparar e reparar pelo amor. Caso ele não se prepare e não repare, no tempo que poderia, a justiça divina o alcançará de outra forma, dolorosamente.**

"Quando o Espírito, por preguiça moral, não se resolve a trabalhar por sua reabilitação pelo amor, a dor o alcança, devido à Lei da Atração, para convidá-lo a retornar ao amor do qual se afastou.

"A Justiça Divina, que é sempre amorosa, também coloca o indivíduo na situação dolorosa para alcançar o amor e, muitas vezes, a situação para alcançá-lo é ter a exata noção do mal que fez, passando pela dor expiatória.

"Lembremos sempre que tudo começa no **reconhecimento**. Ele é fundamental. Há duas formas diferentes de se reconhecer. O **Espírito pode reconhecer o mal que pratica pelo uso amoroso do seu livre-arbítrio, ou pode ser convocado a reconhecer, pela experiência dolorosa, o mal que praticou.** Tudo acontece em nome do reconhecimento para que, depois disso, o Espírito se liberte por vontade própria.

"No caso da mulher violentada, ela passou pelo processo, devido à Lei de Atração por não ter reconhecido ainda o mal praticado e o reparado. Entretanto, se ela tivesse se preparado, antes dessa reencarnação ou durante a própria reencarnação, com as incontáveis oportunidades de reparação amorosa com que a Vida convida, possivelmente, não precisaria passar por isso. Seria de outra forma a tomada de consciência.

"Isso é um ponto bastante importante, um **clímax dentro da questão e não estamos falando apenas da questão sexual.** Falamos também da **questão da Justiça Divina em todas as situações.**

"Há um entendimento por parte de alguns que defendem a ideia de que o Espírito deve pagar pelo que cometeu como se Deus fosse um tirano, e há outro pensamento que caracteriza Deus como injusto, justamente, porque faz os Espíritos pagarem o que cometeram. São duas formas equivocadas de compreender a Lei de Justiça.

"**A Lei de Justiça funciona juntamente com o Amor e a Caridade. É a Lei Maior com três dimensões: Justiça, Amor e Caridade. Essas três dimensões da Lei estão em sintonia com as Leis de Misericórdia e de Reparação.**

"**O Espírito é convidado a reparar o mal que fez. Em todos os âmbitos da existência, é a reparação o principal convite que começa depois de o ato ser praticado com o arrependimento, depois com a expiação e, finalmente, com a reparação.**

"O Espírito, no caso essa mulher violentada, já estava arrependido. A partir disso ela foi convidada a fazer o movimento da expiação, extrair a pureza dentro de si mesma, submetendo-se à Lei de Reparação, fazendo o bem no limite de suas forças na área em que se equivocou no passado. Pôde, pelo uso da Lei do Livre-arbítrio, mobilizar a própria vontade ou ficar estagnada na preguiça moral.

"**Entretanto, o Espírito tem um tempo, durante a existência, para cultivar as virtudes por meio de exercícios e ir se aprimorando, dando à Vida outras formas de solução ao mal que**

fez no passado. Caso não se decida a realizar o bem no limite das suas forças, aciona a Lei de Atração para a provação.

"De uma forma genérica, vejamos que essa Lei funciona como uma verdadeira antena. A mente do Espírito emite ondas constantes para as próprias Leis Divinas, buscando justiça. Isso o condiciona a, em sintonia com as Leis, dizer se está ou não quitado com os débitos existentes na própria consciência, em um delicado processo de transmissão e recepção com a Lei de Causa e Efeito.

"Todos os Espíritos ficam o tempo todo emitindo e recebendo esse intercâmbio com as Leis, perguntando-se, em seu âmago mais profundo: **estou quitado, estou em paz?** E as Leis dizem, metaforicamente, em sua intimidade: **ainda não, deve continuar a trabalhar!** Ou: **sim, já quitou!**

"Pois bem, quando o Espírito passa por uma situação dessas de violência sexual, o que acontece? Emitindo a energia do pensamento às Leis Divinas, perguntando se está quitado ou não, as Leis Divinas, na consciência, dizem: **ainda não.** Diante de um agressor, com as mesmas características do seu passado, acaba por atraí-lo, e o próprio agressor capta, subconscientemente, a energia do pensamento da futura vítima, atraído para o Espírito que se sente em **débito com a Lei Divina nesta área.** E, por força da atração, os dois acabam por se locupletar nessa violência.

"Esta é uma forma genérica e limitada de buscar explicar como se formula a atração entre vítima e algoz, mantendo-se, antes de tudo, a clareza da onipotência da justiça de Deus, em todos os seus âmbitos, que sempre convida o Espírito a fazer o bem acima de todas as coisas e não a aguardar que as coisas aconteçam dolorosamente em sua vida". (grifos nossos)

Muito relevante esta questão. É possível, se quisermos, libertar-nos de todo sofrimento, indo ao encontro do Mestre Jesus, submetendo-nos às Leis Divinas, pois o próprio asseverou: *Tenho-vos dito isto, para que em mim tenhais paz; no mundo tereis aflições, mas tende bom ânimo, eu venci o mundo* (João, 16:33).

Para ficar ainda mais claro, vejamos os esquemas das Figuras 11 e 12, que nos auxiliam a entender essa resposta:

Figura 11 – A Lei de Liberdade e as possíveis escolhas que o Espírito pode praticar: o caminho do bem ou o caminho do mal

Na Figura 11, temos as Leis de Liberdade, Responsabilidade e de Causa e Efeito. Quando a pessoa opta por seguir o caminho do bem, fazendo escolhas em sintonia com a Lei Maior, de Justiça, Amor e Caridade, as consequências serão também justas, amorosas e caridosas com ela própria, proporcionando bem-estar, paz de consciência e felicidade.

Quando a pessoa opta por seguir o caminho do mal, fazendo escolhas injustas, desamorosas e descaridosas consigo mesma e com o próximo, em dissintonia com a Lei Maior, as consequências serão dolorosas, produzindo aflições em maiores ou menores intensidades.

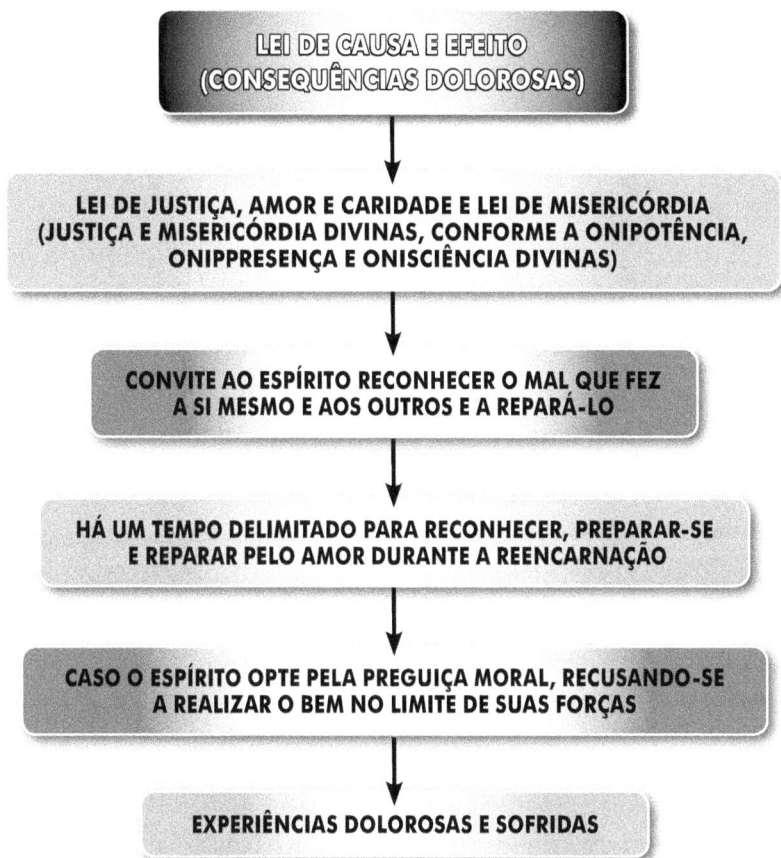

Figura 12 – O reconhecimento do mal e as Leis de Justiça, Amor e Caridade, de Misericórdia e de Reparação

Na Figura 12, temos a representação das consequências dolorosas que o Espírito cria para si mesmo quando desrespeita a Lei Maior, de Justiça, Amor e Caridade. Essa Lei, associada à Lei de Misericórdia, que está na consciência do Espírito, o convida a reparar o mal feito a si mesmo e aos outros.

Para isso, o Espírito é preparado e reencarna, para desenvolver as virtudes necessárias para que tenha paz na consciência. É a Lei de Misericórdia permitindo que a pessoa repare.

Ela tem um tempo, definido antes de reencarnar, para que as ações amorosas, justas e caridosas possam acontecer, reparando pelo amor o desamor praticado em seu passado espiritual. Caso opte pela preguiça moral e se recuse a voluntariamente produzir as ações amorosas no limite de suas forças, ela, pela Lei de Atração, atrairá para si mesma, devido à indolência, dores e sofrimentos correspondentes à recusa que mantém.

O processo de reparação requer de todos nós muita habilidade, porque nos pede continuidade e fortalecimento. Aqueles que são convidados pela Vida a reparar uma falta não devem reparar apenas o mal que fizeram, mas também as suas consequências de forma harmônica e amorosa, conforme nos ensina a questão 642 de *O Livro dos Espíritos: Para agradar a Deus e assegurar a sua posição futura, bastará que o homem não pratique o mal?* "Não; cumpre-lhe fazer o bem no limite de suas forças, porquanto responderá por todo mal *que haja resultado de não haver praticado o bem.*"

A resposta da questão 642 não deixa margem a dúvidas, pois, quando fazemos o mal deliberadamente, temos o dever de repará-lo, bem como os seus efeitos. Da mesma forma, quando deixamos de fazer o bem no limite de nossas forças, responderemos por todo mal que advier de não termos praticado o bem.

Voltemos às reflexões sobre a parábola.

Ele por algum tempo não a quis atender, mas depois disse consigo: Bem eu não temo a Deus nem respeito a homem algum.

Como vimos nas reflexões sobre a reparação, no versículo anterior, a Lei de Causa e Efeito necessita de um tempo para o seu cumprimento porque essa é uma Lei que está sempre ajustada e submetida à Lei de Amor, Justiça e Caridade, como toda as demais.

No exato momento em que qualquer indivíduo realiza uma atitude que contraria as Leis de Deus, ele está em determinado nível de consciência e todas as Leis amorosas da criação trabalham a partir desse instante para que a pessoa alcance a percepção do mal que praticou, colocando-a em outro nível de consciência, no qual receberá os efeitos do que causou.

A ênfase que Jesus oferece na parábola sobre o fato de o *juiz* dizer *não temo a Deus, nem respeito homem algum* deve ser interpretada em sua característica profunda como uma das formas como se processa a Lei de Causa e Efeito na consciência. Essa Lei não teme a Deus. Além de ser uma de Suas Leis, está integrada aos desígnios do Criador, cumprindo as determinações de Deus e se faz justa para todos os seres humanos do ponto de vista moral e material, que é realizada com equanimidade para todos, independentemente de posição social, riqueza, poder temporal ou qualquer fator que destaca um indivíduo em critérios humanos.

Todavia, como esta viúva me importuna, julgarei a sua causa para não suceder que por fim venha a molestar-me.

No âmago da consciência, pulsa a profunda vontade de reparação, solicitando formas incontáveis para que o Espírito imortal se equilibre perante a grande Consciência Universal em profunda sintonia e identidade com a sua própria Essência Divina, ajustada com a Lei de Harmonia.

Essa vontade de reparação se expressa em dois níveis: subconsciente ou consciente. A própria Lei de Causa e Efeito organiza os episódios na vida de todos, para que surjam em nossas vidas os episódios das provas ou expiações caso seja essa a necessidade, conforme vimos nas sobre o estupro à luz das Leis Divinas.

Como a Lei de Causa e Efeito está submetida à Lei de Justiça, Amor e Caridade, Deus sempre oferecerá ao Espírito antes da expiação a oportunidade de evoluir por amor, a partir do arrependimento e a busca da reparação, que será suavizada pela Lei de Misericórdia. Entretanto, caso o Espírito se negue a agir amorosamente, a dor virá em forma de expiação para que ele possa desenvolver a mansidão e a humildade frente às Leis Divinas.

A expressão da Parábola *julgarei a sua causa* expressa bem esse movimento consciencial de elaborar com profunda justiça como se processa o movimento interno do indivíduo, juntamente com o movimento universal das Leis Divinas que analisam em detalhes exatos como o Espírito imortal causou a sua própria necessidade de reparação.

Em termos essenciais, o Espírito imortal não causa mal à sua própria essência que é inatingível, pois nela se expressam as Leis do Criador. Podemos dizer em termos conscienciais que o indivíduo causa, em essência, a profunda necessidade de reparação por causa da ignorância e incipiência do Espírito ante a profunda sabedoria e maturidade que é convidado pela Vida a alcançar.

Em termos práticos, significa que, quando uma pessoa descumpre a Lei de Amor, Justiça e Caridade, devido à sua ignorância, gera para si uma necessidade de reparação desse ato por meio de esforços para ser amorosa, justa e caridosa consigo mesma, libertando-se da culpa, para fazer o mesmo com os outros, reparando os seus erros, porque a nossa destinação é a felicidade e a harmonia.

Quando na parábola o *juiz* decide julgar a causa da viúva, não estava Jesus referindo-se à ideia jurídica do termo, e sim a essa profunda avaliação consciencial de como tudo aconteceu na intimidade do Espírito para elaborar nesse momento o meio de justificar o Espírito perante a Lei de harmonia universal. É necessário que o Espírito que erra faça justiça consigo mesmo. A Lei de Causa e Efeito está intimamente ligada à Lei de Justiça.

A expressão utilizada na parábola, *por fim venha molestar--me*, retrata com sabedoria a questão do comportamento egoico do Ser que opta por se culpar e não a reparar os atos transgredidos. Caso não houvesse por bondade Divina a Lei de Reparação como primeiro e único recurso salutar para a profunda harmonia interior do Espírito imortal, esse ficaria em "moléstia eterna", sofrimento sem remissão, ideia teológico-dogmática distorcida e divulgada na Idade Média principalmente, mas que perdura até hoje.

Todo movimento profundo da Lei Divina é justamente para libertar toda criatura de qualquer moléstia, sofrimento, pesar. Por isso, o juiz imparcial, a Lei de Causa e Efeito, sempre julgará a causa, proporcionando ao Ser a reabilitação perante a própria consciência, de modo que viva eternamente feliz.

10

Parábola
DA EXPERIÊNCIA CONSCIENCIAL
(PARÁBOLA DO FERMENTO)

✤

Estudaremos, a seguir, a **Parábola da Experiência Cons-ciencial** (Parábola do Fermento). Trata-se de uma parábola bem curta, com apenas um versículo, mas que é de uma profundidade muito grande, conforme veremos em sua exegese transpessoal-consciencial.

Outra parábola lhes disse: O reino dos céus é semelhante ao fermento, que uma mulher toma e introduz em três medidas de farinha, até que tudo esteja levedado (Mateus 13:33).

Antes de refletirmos sobre a parábola propriamente dita, analisemos algo no campo simbólico. Observemos que, nos Evangelhos canônicos de Mateus, Marcos, João e Lucas, Jesus em nenhum momento disse algo do tipo: "O Reino dos Céus é isso ou aquilo", mas sempre fez comparações, dizendo "O Reino dos Céus é semelhante a...", introduzindo-nos ao pensamento simbólico.

Os símbolos são elementos muito ricos no campo da reflexão, pois nos permitem uma maior intensidade na compreensão dos conceitos. Assim, a informação não fica restrita à forma concreta, rígida, delimitada, possibilitando interpretações profundas, alcançando a essência real da informação ali ofertada.

Portanto, o Reino dos Céus é de dimensão imortal, por isso não se limita a conceitos concretos. A dimensão Imortal desperta em nós uma energia, que, quando movimentada na direção da investigação e reflexão, produz um profundo sentido. Sentido esse muito além de mera palavra, mas um sentido existencial.

Por isso, o apóstolo Paulo nos ensina que: *A palavra é morta, mas o Espírito vivifica*[14].

A construção do Reino dos Céus dentro de nós acontece pela prática das virtudes em profunda sintonia com as Leis Divinas em nossa consciência, como exarado na questão 621 de O Livro dos Espíritos[15].

O fermento tem por função fazer crescer a massa, deixando-a mais leve, por isso nós o utilizamos comumente para preparar alguns alimentos, como pães e bolos, para que não fiquem pesados, mas sim para que cresçam até o seu limite, tornando-os mais saborosos.

O símbolo do *fermento*, nesse caso, trazido nessa parábola por Jesus, são as experiências que passamos ao longo da existência para nos auxiliar no aprimoramento moral. Contudo, as experiências somente nos auxiliam a crescer na vertical da Vida quando, verdadeiramente, propomo-nos a aprender com elas.

Nada nos acontece por mero acaso. São oportunidades concedidas pela Providência Divina para ascendermos na vertical da vida, sejam essas ocorrências que passamos **experiências-desafio**, ou seja, aquelas que são desagradáveis de lidar, como uma perda financeira, uma doença, a desencarnação de um ente querido etc., nas quais somos convidados a desenvolver virtudes cumprindo as Leis Divinas para aprender com elas; ou **experiências-estímulo**, tais como uma orientação de nosso Anjo de Guarda; uma prece feita com unção, na qual recebemos as energias de Deus e de Jesus que nos abastecem o Espírito; uma leitura edificante que nos estimula o discernimento para decidir com equilíbrio; uma palavra estimuladora de um amigo etc., enfim, experiências que nos estimulam à prática do bem.

---

14 Coríntios II, 3:6.

15 **621**. *Onde está escrita a lei de Deus?*
"Na consciência."

Entretanto, o que nos fará bem passar por elas é, exatamente, nos colocarmos como aprendizes da vida, humildando o nosso orgulho e amansando a nossa rebeldia.

Tomando por princípio a orientação de Jesus de que o Reino dos Céus está dentro de nós[16], logo compreendemos que o Reino dos Céus é conquistado pelo cumprimento das Leis Divinas presentes em nossa consciência, por meio do exercício das Virtudes Cristãs.

Quando Jesus diz: *O Reino dos Céus é semelhante ao fermento*, está dizendo que as Leis de Deus agem em nós semelhantes ao *fermento*, pois, quando nos conectamos a elas nos elevamos, crescemos, na vertical da Vida, por meio do desenvolvemos das virtudes.

Já compreendemos que o símbolo do *fermento* são as experiências por que passamos, contudo, para que as experiências-desafio e experiências-estímulo se tornem aprendizado, é necessário que o Espírito, ao passar por elas, busque, no limite das suas forças, aprender sempre, mesmo sendo ela extremamente desafiadora, pois é sempre possível extrairmos os pontos positivos da experiência, permitindo-nos aprender, tanto com os nossos acertos quanto com nossos erros.

Posteriormente o Mestre diz: *[...] que uma mulher toma e introduz em três medidas de farinha, até que tudo esteja levedado.* A mulher representa o Ser Consciencial, pois, a partir do momento em que o Espírito compreende o significado do *fermento*, ou melhor, das experiências em sua vida, passa a agir de forma mais consciente.

Essa consciência acontece em um nível mais profundo, porquanto não se trata meramente de obter informações sobre a Verdade, mas de agir consciencialmente, ou seja, por meio da investigação das Leis Divinas, tornando-se um Ser Consciencial,

---

16 *O reino de Deus está dentro de vós* (Lucas, 17:21).

constantemente trabalhando pelo desenvolvimento das virtudes em cada situação que passa ao longo da existência.

Reflitamos mais profundamente sobre como acontece o exercício das virtudes a partir da investigação das Leis Divinas.

Jesus, sendo o Modelo e Guia da Humanidade, foi o grande revelador das Leis Divinas. Em todos os Seus ensinamentos, observamos a presença delas *dando a cada um segundo suas obras.* Allan Kardec, o nobre Codificador, por sua vez, decodificou os ensinamentos do Cristo, oferecidos em sua maioria de forma alegórica, e inseriu em *O Livro dos Espíritos* uma parte completa para falar sobre as Leis Imutáveis da Criação, da qual surgiu também a terceira obra da Codificação: *O Evangelho Segundo o Espiritismo*, que aborda, sobretudo, as Leis de Deus e as virtudes cristãs que somos convidados a exercitar para cumprimos as Leis.

Dessa forma, busquemos no 1º capítulo da terceira parte de *O Livro dos Espíritos* questões fundamentais às nossas reflexões:

Questão 614. *Que se deve entender por lei natural?*

"A lei natural é a lei de Deus. É a única verdadeira para a felicidade do homem. Indica-lhe o que deve fazer ou deixar de fazer e ele só é infeliz quando dela se afasta."

Questão 615. *É eterna a lei de Deus?*

"Eterna e imutável como o próprio Deus."

Questão 616. *Será possível que Deus em certa época haja prescrito aos homens o que noutra época lhes proibiu?*

"Deus não se engana. Os homens é que são obrigados a modificar suas leis, por imperfeitas. As de Deus, essas são perfeitas. A harmonia que reina no universo material, como no universo moral, se funda em leis estabelecidas por Deus desde toda a eternidade."

Questão 617. *As leis divinas, que é o que compreendem no seu âmbito? Concernem a alguma outra coisa, que não somente ao procedimento moral?*

"Todas as da Natureza são leis divinas, pois que Deus é o autor de tudo. O sábio estuda as leis da matéria, o homem de bem estuda e pratica as da alma."

a) – *Dado é ao homem aprofundar umas e outras?*

"É, mas uma única existência não lhe basta para isso."

Efetivamente, que são alguns anos para a aquisição de tudo o de que precisa o ser, a fim de se considerar perfeito, embora apenas se tenha em conta a distância que vai do selvagem ao homem civilizado? Insuficiente seria, para tanto, a existência mais longa que se possa imaginar. Ainda com mais forte razão o será quando curta, como é para a maior parte dos homens.

Entre as leis divinas, umas regulam o movimento e as relações da matéria bruta: as leis físicas, cujo estudo pertence ao domínio da Ciência.

As outras dizem respeito especialmente ao homem considerado em si mesmo e nas suas relações com Deus e com seus semelhantes. Contêm as regras da vida do corpo, bem como as da vida da alma: são as leis morais.

Questão 618. *São as mesmas, para todos os mundos, as leis divinas?*

"A razão está a dizer que devem ser apropriadas à natureza de cada mundo e adequadas ao grau de progresso dos seres que os habitam."

Os Benfeitores são claros ao responderem que a Lei de Deus é a *única verdadeira para a felicidade do homem*. Não há outro caminho, senão a obediência a essas Leis, para alcançarmos a pura e eterna felicidade. Na questão 115, estudada anteriormente, aprendemos que chegaremos à perfeição *pelo conhecimento da verdade.* Que Verdade é essa que somos convidados a conhecer? A Verdade da Lei Divina, *eterna e imutável.*

Como Allan Kardec esclarece, as Leis Divinas compreendem as Leis Físicas e as Leis Morais. As primeiras são amplamente estudadas pela Ciência. As segundas são objetos de estudo, atualmente, das religiões, principalmente do Espiritismo, que as estuda com mais propriedade.

Todavia, é fundamental a todo Espírito imortal aprofundar os conhecimentos em torno das Leis da Vida, buscando conhecer os seus mecanismos de atuação em nossas vidas e os meios que temos para acessá-las. Conhecer as Leis Divinas em sua plenitude levará muitas reencarnações. No entanto, quanto mais cedo iniciarmos o estudo delas, mais rapidamente acessaremos o caminho da felicidade.

Prossigamos:

Questão 619. *A todos os homens facultou Deus os meios de conhecerem sua lei?*

"Todos podem conhecê-la, mas nem todos a compreendem. Os homens de bem e os que se decidem a investigá-la são os que melhor a compreendem. Todos, entretanto, a compreenderão um dia, porquanto forçoso é que o progresso se efetue."

Na questão acima, os Benfeitores colocam uma condição no que diz respeito ao estudo das Leis Divinas: *a investigação*. Para compreendê-las, é necessário investigá-las. O que seria isso? A investigação vai além do estudo puramente intelectual: consiste em adentrar nas minúcias de cada Lei, refletindo-as em nossas vidas, buscando associar as nossas atitudes às Leis Divinas. Como as Leis de Deus constituem o único caminho para a felicidade, quando as nossas ações estão em sintonia com essas Leis, estamos agindo corretamente. Quando, de alguma forma, as contrariamos, então a nossa ação está equivocada.

Podemos avaliar as nossas ações, se são boas ou não, a partir dos resultados que elas causam e também quando procedemos à autoavaliação, por meio da reflexão antes de tomarmos decisões. A utilização das Leis Divinas como parâmetros será muito útil a fim de que exercitemos o discernimento capaz de distinguir a qualidade de nossas condutas antes mesmo de realizá-las.

Praticando esse exercício, estaremos investigando as Leis Morais, submetendo-nos a elas. Investigar, portanto, consiste em aplicar em nossas vidas aquilo que aprendemos na teoria. Assim, podemos dizer que, além de saber sobre as Leis Divinas, nós as compreendemos, ou seja, realizamos exercícios para senti-las e vivenciá-las.

Somos convidados, portanto, a ir além do conhecimento intelectual, de saber que existem e quais são as Leis de Deus e as virtudes. Tudo isso é muito importante, de fato. Imprescindível, contudo, é tornar esses conhecimentos aplicáveis em nosso dia a dia. Isso somente será possível quando efetivarmos o exercício da reflexão, buscando sentir os conteúdos em nossa intimidade.

Acrescentamos que essa prática é acessível a todo Espírito imortal, pois, conforme nos esclarecem os Benfeitores espirituais na questão 621 de *O Livro dos Espíritos*, a *Lei de Deus está escrita na consciência.* Nada obstante, podemos desprezá-la:

Questão 621a) – *Visto que o homem traz em sua consciência a lei de Deus, que necessidade havia de lhe ser ela revelada?*

"Ele a esquecera e desprezara. Quis então Deus lhe fosse lembrada."

Por sermos dotados de livre-arbítrio, podemos *esquecer* propositalmente ou *desprezar* as Leis Divinas. Como elas estão em nossas consciências, sempre teremos as *vozes-alerta* da consciência a nos munir de recursos para cumprir as Leis. Apesar disso, muitos de nós desprezamos os alertas.

Todavia, Deus nos relembra em todos os instantes da existência delas. Na história da Humanidade, muitos foram os emissários Divinos responsáveis por trazerem os esclarecimentos à Terra.

No livro *A Caminho da Luz,* psicografado por Francisco Cândido Xavier, pelo Espírito Emmanuel, temos a narrativa de vários desses Espíritos superiores que reencarnaram com a missão de esclarecer acerca das Leis Divinas.

Jesus foi o maior revelador das Leis, o único Espírito Crístico, puro, que encarnou entre nós para servir de Modelo e Guia de toda a Humanidade, como estudamos anteriormente.

Retornemos a *O Livro dos Espíritos* a fim de aprofundar esse assunto:

Questão 626. *Só por Jesus foram reveladas as leis divinas e naturais? Antes do seu aparecimento, o conhecimento dessas leis só por intuição os homens o tiveram?*

"Já não dissemos que elas estão escritas por toda parte? Desde os séculos mais longínquos, todos os que meditaram sobre a sabedoria hão podido compreendê-las e ensiná-las. Pelos ensinos, mesmo incompletos, que espalharam, prepararam o terreno para receber a semente. Estando as leis divinas escritas no livro da natureza, possível foi ao homem conhecê-las, logo que as quis procurar. Por isso é que os preceitos que consagram foram, desde todos os tempos, proclamados pelos homens de bem; e também por isso é que elementos delas se encontram, se bem que incompletos ou adulterados pela ignorância, na doutrina moral de todos os povos saídos da barbárie."

Questão 627. *Uma vez que Jesus ensinou as verdadeiras leis de Deus, qual a utilidade do ensino que os Espíritos dão? Terão que nos ensinar mais alguma coisa?*

"Jesus empregava amiúde, na sua linguagem, alegorias e parábolas, porque falava de conformidade com os tempos e os lugares. Faz-se mister agora que a verdade se torne inteligível para todo mundo. Muito necessário é que aquelas leis sejam explicadas e desenvolvidas, tão poucos são os que as compreendem e ainda menos os que as praticam. A nossa missão consiste em abrir os olhos e os ouvidos a todos, confundindo os orgulhosos e desmascarando os hipócritas: os que vestem a capa da virtude e da religião, a fim de ocultarem suas torpezas. O ensino dos Espíritos tem que ser claro e sem equívocos, para que ninguém possa pretextar ignorância e para que todos o possam julgar e apreciar com a razão. Estamos incumbidos de preparar o reino do bem que Jesus anunciou. Daí a necessidade de que a ninguém seja possível interpretar a lei de Deus ao sabor de suas paixões, nem falsear o sentido de uma lei toda de amor e de caridade."

Questão 628. *Por que a verdade não foi sempre posta ao alcance de toda gente?*

"Importa que cada coisa venha a seu tempo. A verdade é como a luz: o homem precisa habituar-se a ela, pouco a pouco; do contrário, fica deslumbrado.

"Jamais permitiu Deus que o homem recebesse comunicações tão completas e instrutivas como as que hoje lhe são dadas. Havia, como sabeis, na antiguidade alguns indivíduos possuidores do que eles próprios consideravam uma ciência sagrada e da qual faziam mistério para os que, aos seus olhos, eram tidos por profanos. Pelo que conheceis das leis que regem estes fenômenos, deveis compreender que esses indivíduos apenas recebiam algumas verdades esparsas, dentro de um conjunto equívoco e, na maioria dos casos, emblemático. Entretanto, para o estudioso, não há nenhum sistema antigo de filosofia, nenhuma tradição, nenhuma religião, que seja desprezível, pois em tudo há germens de grandes verdades que, se bem pareçam contraditórias entre si, dispersas que se acham em meio de acessórios sem fundamento, facilmente coordenáveis se vos apresentam, graças à explicação que o Espiritismo dá de uma imensidade de coisas que até agora se vos afiguraram sem razão alguma e cuja realidade está hoje irrecusavelmente demonstrada. Não desprezeis, portanto, os objetos de estudo que esses materiais oferecem. Ricos eles são de tais objetos e podem contribuir grandemente para vossa instrução."

Muito interessante a afirmativa dos Espíritos dizendo que as Leis Divinas, por se encontrarem em toda parte, estão à disposição do homem, bastando, para encontrá-las, que nos coloquemos em busca delas. Por estarem escritas em nossa consciência, somos convidados ao exercício do autoconhecimento para desvendá-las em nossa intimidade.

Se as Leis Divinas fossem objeto de conhecimento de apenas uma parte da Humanidade, Deus não seria equânime, dando a uns Espíritos a condução moral para a evolução, enquanto outros ficariam para sempre ignorantes.

Não resta dúvida, apesar disso, que Jesus foi o Grande Mestre que *ensinou as verdadeiras Leis de Deus*, tendo Ele mesmo dito: *Não penseis que vim destruir a lei ou os profetas; não vim destruir, mas cumprir (Mateus, 5:17)*. O Mestre, em vista disso, utilizava-se das alegorias, por meio das parábolas, para *ilustrar* o seu pensamento, pois os Espíritos, à época, não detinham o avanço intelectual necessário para adentrar nas profundidades dos ensinamentos.

Hoje, a missão do Espiritismo, por ser o Cristianismo Redivivo, é tornar os ensinamentos de Jesus claros, compreensíveis, pois é esse conhecimento, refletido e sentido em nossas vidas, que nos conduzirá à felicidade a que somos destinados.

Em *O Evangelho Segundo o Espiritismo*, no capítulo XXIV, itens 6 e 7, Allan Kardec aborda esse assunto:

> Pergunta-se: que proveito podia o povo tirar dessa multidão de parábolas, cujo sentido se lhe conservava impenetrável? É de notar-se que Jesus somente se exprimiu por parábolas sobre as partes de certo modo abstratas da sua doutrina. Mas, tendo feito da caridade para com o próximo e da humildade condições básicas da salvação, tudo o que disse a esse respeito é inteiramente claro, explícito e sem ambiguidade alguma. Assim devia ser, porque era a regra de conduta, regra que todos tinham de compreender para poderem observá-la. Era o essencial para a multidão ignorante, à qual ele se limitava a dizer: "Eis o que é preciso se faça para ganhar o reino dos céus." Sobre as outras partes, apenas aos discípulos desenvolvia o seu pensamento. Por serem eles mais adiantados, moral e intelectualmente, Jesus pôde iniciá-los no conhecimento de verdades mais abstratas. Daí o haver dito: *Aos que já têm, ainda mais se dará.* (Cap. XVIII, nº 15.)
>
> [...]

O Espiritismo, hoje, projeta luz sobre uma imensidade de pontos obscuros; não a lança, porém, inconsideradamente. Com admirável prudência se conduzem os Espíritos, ao darem suas instruções. Só gradual e sucessivamente consideraram as diversas partes já conhecidas da Doutrina, deixando as outras partes para serem reveladas à medida que se for tornando oportuno fazê-las sair da obscuridade. Se a houvessem apresentado completa desde o primeiro momento, somente a reduzido número de pessoas se teria ela mostrado acessível; houvera mesmo assustado as que não se achassem preparadas para recebê-la, do que resultaria ficar prejudicada a sua propagação. Se, pois, os Espíritos ainda não dizem tudo ostensivamente, não é porque haja na Doutrina mistérios em que só alguns privilegiados possam penetrar, nem porque eles coloquem a lâmpada debaixo do alqueire; é porque cada coisa tem de vir no momento oportuno. Eles dão a cada ideia tempo para amadurecer e propagar-se, antes que apresentem outra, e *aos acontecimentos o de preparar a aceitação dessa outra.*

Estudando este comentário de Kardec, compreendemos que é necessário o amadurecimento da Humanidade, a fim de que o conhecimento seja disseminado *na mesma proporção*, e vejamos que essa questão acaba se tornando um círculo virtuoso, pois, a partir do conhecimento posto às pessoas, estas, com esforço, evoluem, fazendo-se aptas a novas instruções.

Jesus é o revelador das Leis Divinas; isso é um fato. Hoje, o Espiritismo, aos poucos, vai desvelando o que o Mestre disse por parábolas, mas os Espíritos superiores nos revelam a Verdade gradualmente, pois do contrário ficaríamos deslumbrados, como nos reporta a questão 628 de *O Livro dos Espíritos*, transcrita acima. Por isso, Allan Kardec diz, em *O Evangelho Segundo o Espiritismo*, que *os Espíritos ainda não dizem tudo ostensivamente, [...] é porque cada coisa tem de vir no momento oportuno.*

Entretanto, isso não é um obstáculo à evolução, pois, como disse o Codificador, [Jesus] *tendo feito da caridade para com o próximo e da humildade condições básicas da salvação, tudo o que disse a esse respeito é inteiramente claro, explícito e sem ambiguidade alguma,* ou seja, as virtudes, que somos convidados a desenvolver, estão colocadas ao nosso alcance, sem alegorias.

Agora, estudemos mais algumas questões de *O Livro dos Espíritos* relacionadas à divisão das Leis Divinas:

Questão 647. *A lei de Deus se acha contida toda no preceito do amor ao próximo, ensinado por Jesus?*

"Certamente esse preceito encerra todos os deveres dos homens uns para com os outros. Cumpre, porém, se lhes mostre a aplicação que comporta, do contrário deixarão de cumpri-lo, como o fazem presentemente. Demais, a lei natural abrange todas as circunstâncias da vida e esse preceito compreende só uma parte da lei. Aos homens são necessárias regras precisas; os preceitos gerais e muito vagos deixam grande número de portas abertas à interpretação."

Questão 648. *Que pensais da divisão da lei natural em dez partes, compreendendo as leis de* adoração, trabalho, reprodução, conservação, destruição, sociedade, progresso, igualdade, liberdade *e, por fim,* a de justiça, amor e caridade?

"Essa divisão da lei de Deus em dez partes é a de Moisés e de natureza a abranger todas as circunstâncias da vida, o que é essencial. Podes, pois, adotá-la, sem que, por isso, tenha qualquer coisa de absoluta, como não o tem nenhum dos outros sistemas de classificação, que todos dependem do prisma pelo qual se considere o que quer que seja. A última lei é a mais importante, por ser a que faculta ao homem adiantar-se mais na vida espiritual, visto que resume todas as outras."

Mais uma vez, os Espíritos deixam claro que a aplicação dos conhecimentos adquiridos é fundamental para a conquista da felicidade e investigar as Leis Divinas, em todos os seus aspectos, é ponto capital a que todo Espírito deve se atentar.

Quanto à divisão das Leis em dez partes, os Espíritos são categóricos: *podes, pois adotá-la, sem que, por isso, tenha qualquer coisa de absoluta*. Nesse sentido, podemos nos questionar: será possível todo o conhecimento da Humanidade, conhecimento este que constitui o único caminho para a felicidade, estar contido em apenas dez Leis Divinas? O bom senso nos diz que não, e estamos com a razão quando respondemos negativamente a essa questão. No próprio *O Livro dos Espíritos*, na questão 618, transcrita anteriormente, os Benfeitores dizem que existem Leis apropriadas à evolução de cada mundo.

Certamente, temos na divisão proposta por Kardec uma síntese da Verdade, que, se refletida e sentida em nossas vidas, nos conduzirá à felicidade, porém existem outras Leis que já temos condições de compreender e que não estão descritas na divisão adotada pelo Codificador. Se estudarmos detidamente outras questões de *O Livro dos Espíritos* e as demais obras básicas, encontraremos essas Leis implicitamente nos textos kardequianos. Como estudamos acima, as Leis estão na natureza e somos convidados pela Vida a buscar compreendê-las e vivenciá-las, desenvolvendo as virtudes.

No capítulo III, item 6 de *A Gênese*, Kardec esclarece:

Deus promulgou leis plenas de sabedoria, tendo por único objetivo o bem. Em si mesmo encontra o homem tudo o que lhe é necessário para cumpri-las. A consciência lhe traça a rota, a lei divina lhe está gravada no coração e, ao demais, Deus lhe lembra constantemente por intermédio de seus messias e profetas, de todos os Espíritos encarnados que trazem a missão de o esclarecer, moralizar e melhorar e, nestes últimos tempos, pela multidão dos Espíritos desencarnados que se manifestam em toda parte. *Se o homem se conformasse rigorosamente com as leis divinas, não há duvidar de que se pouparia aos mais agudos males e viveria ditoso na Terra.* Se assim procede, é por virtude do seu livre-arbítrio: sofre então as consequências do seu proceder (*O Evangelho Segundo o Espiritismo*, cap. V, item 4 e seguintes).

Portanto, conhecer as Leis Divinas, investigando-as, e nos esforçar para cumpri-las em nosso dia a dia constitui valoroso medicamento contra os males causados por nós mesmos. Não resta outro caminho a seguir.

Agora, reflitamos o sentido do desenvolvimento das virtudes. Voltemos a *O Livro dos Espíritos*:

Q. 909. Poderia sempre o homem, pelos seus esforços, vencer as suas más inclinações?

"Sim, e, frequentemente, fazendo esforços muito insignificantes. O que lhe falta é a vontade. Ah! Quão poucos dentre vós fazem esforços!"

Q. 911. Não haverá paixões tão vivas e irresistíveis, que a vontade seja impotente para dominá-las?

"Há muitas pessoas que dizem: Quero, mas a vontade só lhes está nos lábios. Querem, porém muito satisfeitas ficam que não seja como "querem". Quando o homem crê que não pode vencer as suas paixões, é que seu Espírito se compraz nelas, em consequência da sua inferioridade. Compreende a sua natureza espiritual aquele que as procura reprimir. Vencê-las é, para ele, uma vitória do Espírito sobre a matéria."

Todos nós podemos superar nossas más inclinações pelo desenvolvimento das virtudes. Os Benfeitores são claros ao dizer isso nessas duas questões. O problema é que muitos apenas desejam mudar, mas não estão dispostos a fazer esforços para que isso aconteça.

O querer não deve ser apenas com os lábios como um desejo fugaz, mas o querer que acessa a Lei de Liberdade com o exercício da virtude do discernimento, de modo que façamos esforços reais de mudança, fortalecendo a nossa vontade de mudança.

Nós podemos superar e nos libertar de todas as nossas limitações, desenvolvendo as virtudes, com esforços constantes, pacientes, perseverantes e disciplinados.

No entanto, quando cultuamos a preguiça moral, acomodando-nos em estágios doentios, sentimo-nos impotentes frente às próprias limitações. Não haverá virtudes sem os esforços para desenvolvê-las.

Como podemos desenvolver as virtudes na prática? Reflitamos a respeito de uma orientação de Jesus para entender como podemos agir: *Quem é fiel no pouco também é fiel no muito; e quem é injusto no pouco também é injusto no muito* (Lucas, 16:10). Qual a essência dessa afirmação de Jesus no que tange à prática das virtudes? Significa que um processo de desenvolvimento de virtudes acontece pouco a pouco até que haja abundância da virtude em nossos corações.

Quando se fala de virtudes, comumente o que pensamos? Que elas já deve estar sendo vivenciada em nós de forma plena. Comumente, as pessoas dizem: essa questão precisa de muita humildade... Tal assunto precisa de muito amor etc. Contudo, como é possível ter muito sem começar de pouco?!

No que tange à prática das virtudes, a orientação do Mestre Jesus é uma **condição imprescindível**. Para que o Espírito possa alcançar a **prática plena das virtudes** (fiel no muito), é fundamental **começar o exercício gradualmente** (fiel no pouco).

Esse exercício acontecerá em três fases consecutivas:

1 – Ter a certeza de que, como somos Seres Essenciais, as **virtudes já existem em latência em nós da mesma forma que as Leis Divinas**. São como pequenas *sementes divinas*, aguardando que as **cultivemos**.

2 – **Acolhimento amoroso dos sentimentos do ego**, que representam apenas **ausência do exercício das virtudes**, de modo que não haja uma **autorrejeição**, decorrente das tendências egoicas que ainda trazemos.

3 – **Exercício gradual das virtudes**, que acontece todas as vezes em que os sentimentos egoicos se manifestarem, por-

quanto decidimos cultivar a *semente* da virtude, utilizando a energia do sentimento do ego como *adubo*.

Por exemplo, quando o **orgulho** se manifestar dentro de nós, fazendo com que desejemos projetar a nossa personalidade, de modo que o nosso ego cresça em detrimento do trabalho com Jesus, que deve ter premissa em nossa intimidade, fazemos um **exercício de humildade para humildar o orgulho**, colocando--nos em nossa posição de **servo do Cristo para que Ele triunfe na Terra**. Isso deve ser feita tantas vezes quantas forem necessárias: *fidelidade no pouco para se alcançar a fidelidade no muito*.

Ao fazer os exercícios virtuosos, vamos nos aprofundando cada vez mais na busca de nos autoconhecer e nos aprimorar, por isso Jesus diz que [...] *introduz em três medidas de farinha, até que tudo esteja levedado*.

A primeira medida representa o saber. As experiências por que passamos, a princípio, convidam-nos a superar a ignorância de não saber, adquirindo aprendizado para superar a ignorância de não conhecer a Verdade, ou seja, investigar as Leis Divinas para saber como é a dinâmica de funcionamento delas em nossas vidas.

A partir desse conhecimento sendo refletido em nossas vidas, entra, simbolicamente, a *segunda medida de farinha*, na qual somos convidados a superar o segundo nível de ignorância, a de não sentir a Verdade, por meio da reflexão para sentir que vale a pena desenvolver as Virtudes Cristãs em nossos corações.

A terceira medida de farinha representa o exercício efetivo das Virtudes Cristãs para que cumpramos as Leis Divinas, superando o terceiro nível de ignorância que é o de não vivenciar a Verdade.

Ter um conhecimento teoricamente vasto, buscar dentro de nossas possibilidades senti-lo, mas não se movimentar com afinco para vivenciá-lo é um processo frívolo que não nos movimentará um milímetro sequer, do ponto de vista da vertical da vida.

Quando sabemos, ainda que relativamente pouco, mas nos esforçamos verdadeiramente para vivenciar a Verdade, o fenômeno de conexão profunda com o Universo acontece. Somente assim nos sentimos pertencentes ao Universo, algo fundamental para que sintamos o sentido existencial.

Nesse contexto, podemos perceber como faz sentido o ensinamento de Jesus: *Vós sois deuses*, pois, se nos dedicarmos a vivenciar o que sabemos, por meio do profundo sentimento, conectar-nos-emos intensamente às Leis Divinas, de modo a manifestar o atributo da Unicidade de Deus em nós.

Por essa razão, todo processo de autoboicote no sentido de nos afastar da vivência do que sabemos causa-nos uma desconexão profunda com a Unicidade, pois o que existe em nós somente nós podemos oferecer ao Universo, uma vez que todo esse processo é único, mas, quando nos boicotamos, estamos escondendo, negando a luz, colocando-a debaixo do alqueire.

A identidade do Espírito Imortal é única e, quando negamos a nos oferecer para o Universo, esse *espaço* que não ocupamos essencialmente, por não nos doarmos, é ocupado pela personalidade transitória. Por isso é que, todas as vezes em que não nos esforçarmos para que o Ser Essencial ocupe o seu lugar por direito, o ego ocupa, pois nada no Universo é vazio, uma vez que o nada não existe.

Assim, quando nos negamos a vivenciar o amor, ocupará o seu lugar o pseudoamor do personismo, ou seja, do movimento egoico de parecer em detrimento do Ser Consciencial que devemos ser, até que nos decidamos a colocar o amor em seu devido lugar em nossa intimidade, e, naturalmente, o movimento virtuoso do amor dissolverá o pseudoamor.

Consequentemente, é possível nos questionarmos: como podemos nos libertar do personismo? Utilizando da energia do *fermento*, pois, assim fazendo, este agirá em nós até que tudo nos parecerá mais leve, inclusive o que já sabemos e sentimos, permitindo-nos gradualmente a vivenciar aquilo a que agora somos convidados. Sentiremos, portanto, uma identidade única, sendo coautores de um fenômeno único no campo cósmico e universal.

No dia a dia, verificaremos que, quando a criatura humana, pela ignorância do não saber, do não sentir e do não vivenciar a Verdade, não faz os esforços necessários para desenvolver o autoconhecimento, permanece em um movimento de superficialidade e termina por não perceber as oportunidades que a Providência Divina lhe envia por meio das experiências-desafio e experiências-estímulo.

Todas as experiências que passamos ao longo da vida têm um único destinatário: nós mesmos, não nos cabendo a tentativa vã de transferi-la a outrem. Porém, reflitamos: se o Universo já detém todo o conhecimento e já vibra em campo cósmico e quântico de todo o sentimento, para que serviria a experiência que nos acontece?

Perante as experiências-desafio, temos a liberdade de agir de duas maneiras: egoica ou essencialmente. Quando estamos no movimento de conexão com o Reino de Deus e sua Justiça, faremos escolhas amorosas, justas e caridosas, em sintonia com a Lei Maior. Porém, se estivermos em um movimento de desconexão, as escolhas serão egoicas, por conseguinte serão desamorosas, injustas e descaridosas, em dissintonia com a Lei Maior.

Agindo de forma egoica, rebelando-nos contra as Leis Divinas, não nos permitimos colocar o fermento nas três medidas da farinha. Desse modo, não nos esforçamos para utilizar a experiência como meio de superar os três níveis de ignorância.

É importante lembrar que, diante das experiências, as Leis Divinas sempre nos convidam a agir de forma amorosa, justa e caridosa conosco e com os outros.

Numa situação muito desafiadora, a nossa primeira tendência é de blasfemar, murmurar, rebelar-nos contra as Leis de Deus, fazendo que nossos sentimentos para com a vida se manifestem em nós em sintonia com esse movimento egoico, produzindo dor e sofrimento.

Aqueles que não ignoram as Leis no nível do saber não estão isentos de entrar em um movimento semelhante a esse, pois, nesse caso, a pessoa estará apenas informada da Verdade, mas como ainda não a sente profundamente no coração, não realiza os esforços para exercitar as virtudes nas experiências-desafio, nem costuma também praticar as experiências-estímulo, tornando-se uma pessoa virtuosa. Em vez disso, torna-se mais um revoltado no mundo, mesmo já conhecendo as Leis Divinas, pois, simbolicamente, não faz uso da primeira *medida de farinha*. Isso porque, para fazer isso, é necessário que o *fermento* seja colocado nas três sucessivamente, conforme propõe Jesus.

Portanto, o processo é contínuo, sendo necessário que coloquemos o *fermento* na primeira medida de *farinha* e, posteriormente, nas demais, sequencialmente, pois não é possível fazer uso do *fermento*, ao mesmo tempo, nas três medidas, tampouco utilizá-la sem fazer uso sequencialmente dos três níveis, ou seja, para se fazer uso da segunda medida, é preciso que se tenha colocado na primeira medida e por último na terceira.

Jesus coloca as três medidas para demonstrar que as experiências são processos, fases, em que cada medida tem a sua especificidade, pois nenhum crescimento espiritual, na vertical da vida, se dá de forma desordenada e abrupta, mas, pelo contrário, o progresso dá-se pelos esforços contínuos, pacientes, perseverantes e disciplinados, em todas as fases da vida.

As experiências-desafio acontecem como consequências de nossas ações ou omissões como Espíritos imortais que somos. Em algum momento de nossa vida espiritual, ao longo das várias existências sucessivas, geramos, para nós mesmos, as consequências. As escolhas, pelas quais somos responsáveis, têm por base o uso das Leis de Liberdade e Responsabilidade, e, de acordo com a Lei de Causa e Efeito, recebemos as consequências que somos convidados a sentir e apreciar, quando fazemos escolhas amorosas, justas e caridosas em sintonia com a Lei Maior, ou reparar, quando as escolhas são desamorosas, injustas e descaridosas.

Portanto, as experiências-desafio como uma perda, um revés financeiro, uma doença etc., decorrem daquilo que fizemos deliberadamente no passado remoto, bem como do que deixamos de fazer, por negligência e omissão no passado recente. Assim, acabamos por atrair a experiência-desafio para uma reparação.

Reflitamos o que as obras básicas kardequianas abordam com relação a essa questão.

Examinemos em *O Livro dos Espíritos* algumas questões que nos convidam à reflexão:

Questão 121. *Por que é que alguns Espíritos seguiram o caminho do bem e outros o do mal?*

"Não têm eles o livre-arbítrio? Deus não os criou maus; criou-os simples e ignorantes, isto é, tendo tanta aptidão para o bem quanto para o mal. Os que são maus, assim se tornaram por vontade própria."

Questão 122. *Como podem os Espíritos, em sua origem, quando ainda não têm consciência de si mesmos, gozar da liberdade de escolha entre o bem e o mal? Há neles algum princípio, qualquer tendência que os encaminhe para uma senda de preferência a outra?*

"O livre-arbítrio se desenvolve à medida que o Espírito adquire a consciência de si mesmo. Já não haveria liberdade, desde que a escolha fosse determinada por uma causa independente da vontade do Espírito. A causa não está nele, está fora dele, nas influências a que cede em virtude da sua livre vontade. É o que se contém na grande figura emblemática da queda do homem e do pecado original: uns cederam à tentação, outros resistiram."

O caminho do mal, que dá origem ao sofrimento, é percorrido a partir da escolha do Espírito. Conforme a questão 115, Deus criou todos os Espíritos simples e ignorantes e, ao desenvolver o livre-arbítrio, pouco a pouco, a partir da encarnação no reino hominal, o Espírito é capaz de escolher aquilo que lhe apraz. Se se decidir por exceder os limites traçados pela natureza, indo ao encontro dos gozos da matéria, em detrimento do Reino de Deus, atrairá, para junto de si, consequências relativas à natureza do mal praticado.

O Espírito, por ignorar o mecanismo das Leis Divinas, vê essas consequências tais quais sofrimentos, porém nada mais são do que convites dolorosos para que ele repare as faltas cometidas. Ele pode acolher o convite, colocando dessa forma o amor sobre a *dor*, minorando-a, ou se revoltar ainda mais com a dor e transformá-la em um *sofrimento* acerbo.

Voltemos a *O Livro dos Espíritos* para analisar essa questão:

Questão 258a. *Não é Deus, então, quem lhe impõe as tribulações da vida, como castigo?*

"Nada ocorre sem a permissão de Deus, porquanto foi Deus quem estabeleceu todas as leis que regem o Universo. Ide agora perguntar por que decretou ele esta lei e não aquela. Dando ao Espírito a **liberdade de escolher**, Deus lhe deixa a inteira **responsabilidade** de seus atos e das **consequências** que estes tiverem". (grifos nossos)

Analisemos com base nas Leis que os Mentores da Codificação abordam nessa questão: a Lei de Liberdade preconiza que somos livres para agir; dessa forma, podemos nos afastar do sentido da vida, dando vazão aos excessos, contudo, ao lado da Lei do Livre-arbítrio, encontramos a Lei de Responsabilidade que nos convida a tomar consciência dos nossos atos e a nos responsabilizar por eles.

Então, somos submetidos à Lei de Causa e Efeito, que traz a consequência dos nossos atos. Se a escolha utilizando a Lei de Liberdade for feita exercitando-se a virtude do discernimento, as consequências serão felizes, porém se em vez de refletir e exercitar o discernimento a pessoa age impulsiva e irresponsavelmente, dando vazão aos seus vícios, as consequências serão dolorosas, representando efetivamente os convites à reparação.

Inicialmente, o processo é de dor para que a pessoa possa refletir sobre suas ações e modificá-las, contudo, se o Espírito permanece recalcitrando em revolta, insurgindo-se contra as Leis Divinas, especialmente a Lei de Amor, Justiça e Caridade, recusando-se a cumpri-las, cria para si o sofrimento.

Muitas vezes, enxergamos a Lei de Causa e Efeito como punição divina, porém não existe lei de punição. As Leis de Deus, em especial a de Causa e Efeito, têm caráter educativo, convidando-nos a refletir sobre as nossas ações, os atos que cometemos e que geraram para nós tais resultados.

É importante notarmos que as Leis Divinas não se manifestam isoladas, nem consecutivamente, mas estão em constante manifestação, agindo como forças vivas e pulsantes no Universo.

Concluamos, assim, que o sofrimento tem origem no momento em que o Espírito, utilizando de sua liberdade de escolha, opta pelo mal.

Aprofundando mais esse assunto, podemos falar em três tipos de dor/sofrimento: há aquela que se inicia a partir de uma **reprovação nas provas** que o Espírito deve passar quando encarnado; outra é a dor na forma das **expiações**; e, ainda, a criação **do sofrimento**, nos casos em que o Espírito, por rebeldia, recusa-se a compreender o recurso educativo das provações e expiações. Estudemo-los:

Para entender o sofrimento como reprovação nas provas, reflitamos em torno dos itens 4 e 5, *Causas atuais das aflições*, retirados de *O Evangelho Segundo o Espiritismo*, capítulo V – "Bem-aventurados os aflitos".

Causas atuais das aflições

4. De duas espécies são as vicissitudes da vida, ou, se o preferirem, promanam de duas fontes bem diferentes, que importa distinguir. **Umas têm sua causa na vida presente**; outras, fora desta vida.

Remontando-se à origem dos males terrestres, reconhecer-se-á que **muitos são consequência natural do caráter e do proceder dos que os suportam.**

Quantos homens caem por sua própria culpa! Quantos são vítimas de sua imprevidência, de seu orgulho e de sua ambição!

Quantos se arruínam por falta de ordem, de perseverança, pelo mau proceder, ou por não terem sabido limitar seus desejos!

Quantas uniões desgraçadas, porque resultaram de um cálculo de interesse ou de vaidade e nas quais o coração não tomou parte alguma!

Quantas dissensões e funestas disputas se teriam evitado com um pouco de moderação e menos suscetibilidade!

Quantas doenças e enfermidades decorrem da intemperança e dos excessos de todo gênero!

Quantos pais são infelizes com seus filhos, porque não lhes combateram desde o princípio as más tendências! Por fraqueza, ou indiferença, deixaram que neles se desenvolvêssemos gérmens do orgulho, do egoísmo e da tola vaidade, que produzem a secura do coração; depois, mais tarde, quando colhem o que semearam, admiram-se e se afligem da falta de deferência com que são tratados e da ingratidão deles.

Interroguem friamente suas consciências todos os que são feridos no coração pelas vicissitudes e decepções da vida; remontem passo a passo à origem dos males que os torturam e verifiquem se, as mais das vezes, não poderão dizer: *Se eu houvesse feito, ou deixado de fazer tal coisa, não estaria em semelhante condição.*

A quem, então, há de o homem responsabilizar por todas essas aflições, senão a si mesmo? **O homem, pois, em grande número de casos, é o causador de seus próprios infortúnios**; mas, em vez de reconhecê-lo, acha mais simples, menos humilhante para a sua vaidade acusar a sorte, a Providência, a má fortuna, a má estrela, ao passo que a má estrela é apenas a sua incúria.

Os males dessa natureza fornecem, indubitavelmente, um notável contingente ao cômputo das vicissitudes da vida. O homem as evitará quando trabalhar por se melhorar moralmente, tanto quanto intelectualmente.

5. A lei humana atinge certas faltas e as pune. Pode, então, o condenado reconhecer que sofre a consequência do que fez. Mas a lei não atinge, nem pode atingir todas as faltas; incide especialmente sobre as que trazem prejuízo à sociedade e não sobre as que só prejudicam os que as cometem. Deus, porém, quer que todas as suas criaturas progridam e, portanto, não deixa impune qualquer desvio do caminho reto. Não há falta alguma, por mais leve que seja nenhuma infração da sua lei, que não acarrete forçosas e inevitáveis consequências, mais ou menos deploráveis. Daí se segue que, nas pequenas coisas, como nas grandes, o homem é sempre punido por aquilo em que pecou. **Os sofrimentos que decorrem do pecado são-lhe uma advertência de que procedeu mal.** Dão-lhe experiência, fazem-lhe sentir a diferença existente entre o bem e o mal e a necessidade de se melhorar para, de futuro, evitar o que lhe originou uma fonte de amarguras; sem o que, motivo não haveria para que se emendasse. Confiante na impunidade, retardaria seu avanço e, consequentemente, a sua felicidade futura.

Entretanto, a experiência, algumas vezes, chega um pouco tarde: quando a vida já foi desperdiçada e turbada; quando as forças já estão gastas e sem remédio o mal. Põe-se então o homem a dizer: "Se no começo dos meus dias eu soubera o que sei hoje, quantos passos em falso teria evitado! *Se houvesse de recomeçar,* conduzir-me-ia de outra maneira. No entanto, já não há mais tempo!" Como o obreiro preguiçoso, que diz: "Perdi o meu dia", também ele diz: "Perdi a minha vida". Contudo, assim como para o obreiro o Sol se levanta no dia seguinte, permitindo-lhe neste reparar o tempo perdido, também para o homem, após a noite do túmulo, brilhará o Sol de uma nova vida, em que lhe será possível aproveitar a experiência do passado e suas boas resoluções para o futuro. (grifos nossos)

Reflitamos que Kardec nos fala acerca de *duas espécies de vicissitudes.* Fiquemos com a primeira, no momento. Essa é resultado da reprovação nas provas da existência corporal. Espíritos imortais que somos, em evolução, devemos ser provados em todas as circunstâncias da vida. Lembremos que todas essas circunstâncias estão em sintonia com o nosso propósito existencial, que é a maior prova em relação à qual somos convidados a passar.

No item acima estudado, Allan Kardec elencou uma série de exemplos, demonstrando os equívocos do Espírito imortal encarnado diante das provas na família, na profissão, nas enfermidades, na vida social etc. Nessas situações, somos convidados a desenvolver o nosso propósito da existência, porém, ao negligenciarmos esse convite, recebemos outros mais incisivos por meio da dor.

A dor, entretanto, é uma advertência com o objetivo de nos estimular à reflexão em torno dos efeitos, remontando às causas para repará-las, ainda na mesma existência, se possíveis.

Agora, investiguemos o sofrimento na forma das expiações, quando não nos é possível corrigir as nossas faltas apenas em uma existência.

Reflitamos em torno dos itens 6 a 10 de *O Evangelho Segundo o Espiritismo*, "Causas anteriores das aflições", retirados do já referido capítulo.

Causas anteriores das aflições

6. Mas, se há males nesta vida cuja causa primária é o homem, outros há também aos quais, pelo menos na aparência, ele é completamente estranho e que parecem atingi-lo como por fatalidade. Tal, por exemplo, a perda de entes queridos e a dos que são o amparo da família. Tais, ainda, os acidentes que nenhuma previsão poderia impedir; os reveses da fortuna, que frustram todas as precauções aconselhadas pela prudência; os flagelos naturais, as enfermidades de nascença, sobretudo as que tiram a tantos infelizes os meios de ganhar a vida pelo trabalho: as deformidades, a idiotia, o cretinismo, etc.

Os que nascem nessas condições, certamente nada hão feito na existência atual para merecer, sem compensação, tão triste sorte, que não podiam evitar que são impotentes para mudar por si mesmos e que os põe à mercê da comiseração pública. Por que, pois, seres tão desgraçados, enquanto, ao lado deles, sob o mesmo teto, na mesma família, outros são favorecidos de todos os modos?

Que dizer, enfim, dessas crianças que morrem em tenra idade e da vida só conheceram sofrimentos? Problemas são esses que ainda nenhuma filosofia pôde resolver anomalias que nenhuma religião pôde justificar e que seriam a negação da bondade, da justiça e da providência de Deus, se se verificasse a hipótese de ser criada a alma ao mesmo tempo que o corpo e de estar a sua sorte irrevogavelmente determinada após a permanência de alguns instantes na Terra. Que fizeram essas almas, que acabam de sair das mãos do Criador, para se verem, neste mundo, a braços com tantas misérias e para merecerem no futuro uma recompensa ou uma punição qualquer, visto que não hão podido praticar nem o bem, nem o mal?

Todavia, por virtude do axioma segundo o qual *todo efeito tem uma causa,* tais misérias são efeitos que hão de ter uma causa e, desde que se admita um Deus justo, essa causa também há de ser justa. Ora, ao efeito precedendo sempre a causa, se esta não se encontra na vida atual, há de ser anterior a essa vida, isto é, há de estar numa existência precedente. Por outro lado, não podendo Deus punir alguém pelo bem que fez, nem pelo mal que não fez, se somos punidos, **é que fizemos o mal**; **se esse mal não o fizemos na presente vida, tê-lo-emos feito noutra.** É uma alternativa a que ninguém pode fugir e em que a lógica decide de que parte se acha a justiça de Deus.

O homem, pois, nem sempre é punido, ou punido comple-tamente, **na sua existência atual**; **mas não escapa nunca às consequências de suas faltas.** A prosperidade do mau é apenas momentânea; se ele não expiar hoje, expiará amanhã, ao passo que aquele que sofre está expiando o seu passado. O infortúnio que, à primeira vista, parece imerecido tem sua razão de ser, e aquele que se encontra em sofrimento pode sempre dizer: "Per-doa-me, Senhor, porque pequei."

7. **Os sofrimentos devidos a causas anteriores à existência presente, como os que se originam de culpas atuais, são muitas vezes a consequência da falta cometida**, isto é, o homem, pela ação de uma rigorosa justiça distributiva, sofre o que fez sofrer aos outros. Se foi duro e desumano, poderá ser a seu turno tratado duramente e com desumanidade; se foi orgulhoso, poderá nascer em humilhante condição; se foi avaro, egoísta, ou se fez mau uso de suas riquezas, poderá ver-se privado do necessário; se foi mau filho, poderá sofrer pelo procedimento de seus filhos, etc.

Assim se explicam pela pluralidade das existências e pela des-tinação da Terra, como mundo expiatório, as anomalias que apresenta a distribuição da ventura e da desventura entre os bons e os maus neste planeta. Semelhante anomalia, contudo, só existe na aparência, porque considerada tão-só do ponto de vista da vida presente. Aquele que se elevar, pelo pensamento, de maneira a apreender toda uma série de existências, verá que a cada um é atribuída a parte que lhe compete, sem prejuízo da que lhe tocará no mundo dos Espíritos, e verá que a justiça de Deus nunca se interrompe.

Jamais deve o homem olvidar que se acha num mundo inferior, ao qual somente as suas imperfeições o conservam preso. A cada vicissitude, cumpre-lhe lembrar-se de que, se pertencesse a um mundo mais adiantado, isso não se daria e que só de si depende não voltar a este, trabalhando por se melhorar.

8. As tribulações podem ser impostas a Espíritos endurecidos, ou extremamente ignorantes, para levá-los a fazer uma escolha com conhecimento de causa. Os Espíritos *penitentes,* porém, desejosos de reparar o mal que hajam feito e de proceder melhor, esses as escolhem livremente. Tal o caso de um que, havendo desempenhado mal sua tarefa, pede lha deixem recomeçar, para não perder o fruto de seu trabalho. As tribulações, portanto, são, ao mesmo tempo, expiações do passado, que recebe nelas o merecido castigo, e provas com relação ao futuro, que elas preparam. **Rendamos graças a Deus, que, em sua bondade, faculta ao homem reparar seus erros e não o condena irrevogavelmente por uma primeira falta.**

9. **Não há crer, no entanto, que todo sofrimento suportado neste mundo denote a existência de uma determinada falta. Muitas vezes são simples provas buscadas pelo Espírito para concluir a sua depuração e ativar o seu progresso.** Assim, a expiação serve sempre de prova, mas nem sempre a prova é uma expiação. Provas e expiações, todavia, são sempre sinais de relativa inferioridade, porquanto o que é perfeito não precisa ser provado. Pode, pois, um Espírito haver chegado a certo grau de elevação e, nada obstante, desejoso de adiantar-se mais, solicitar uma missão, uma tarefa a executar, pela qual tanto mais recompensado será, se sair vitorioso, quanto mais rude haja sido a luta. Tais são, especialmente, essas pessoas de instintos naturalmente bons, de alma elevada, de nobres sentimentos inatos, que parece nada de mau haverem trazido de suas precedentes existências e que sofrem, com resignação toda cristã, as maiores dores, somente pedindo a Deus que as possam suportar sem murmurar. **Pode-se, ao contrário, considerar como expiações as aflições que provocam queixas e impelem o homem à revolta contra Deus.**

Sem dúvida, o sofrimento que não provoca queixumes pode ser uma expiação; mas, é indício de que foi buscada voluntariamente, antes que imposta, e constitui prova de forte resolução, o que é sinal de progresso.

10. Os Espíritos não podem aspirar à completa felicidade, enquanto não se tenham tornado puros: qualquer mácula lhes interdita a entrada nos mundos ditosos. São como os passageiros de um navio onde há pestosos, aos quais se veda o acesso à cidade a que aportem, até que se hajam expurgado. Mediante as diversas existências corpóreas é que os Espíritos se vão expungindo, pouco a pouco, de suas imperfeições. As provações da vida os fazem adiantar-se, quando bem suportadas. Como expiações, elas apagam as faltas e purificam. São o remédio que limpa as chagas e cura o doente. Quanto mais grave é o mal, tanto mais enérgico deve ser o remédio. Aquele, pois, que muito sofre deve reconhecer que muito tinha a expiar e deve regozijar-se à ideia da sua próxima cura. Dele depende, pela resignação, tornar proveitoso o seu sofrimento e não lhe estragar o fruto com as suas impaciências, visto que, do contrário, terá de recomeçar. (grifos nossos)

Neste texto, Allan Kardec nos explicita acerca dos casos em que o Espírito necessita de uma nova encarnação a fim de reparar os atos cometidos em uma existência anterior.

Ao contrário da dor do *sofrimento-reprovação*, estudado anteriormente, a dor do *sofrimento-expiação* é, quase sempre, imposta ao Espírito, pois resulta de graves atos em dissintonia com as Leis amorosas do Criador.

A título de exemplificação, um câncer no pulmão é o *sofrimento-reprovação* ao Espírito que fez uso do cigarro durante 45 anos. Se, mesmo com a doença, não houver aprendizado e reparação de sua parte, em uma próxima encarnação, como *sofrimento-expiação* este Espírito poderá renascer com uma doença crônica no pulmão. Em outro caso, podemos dizer que o *sofrimento-reprovação* para um Espírito que cultuou a vaidade relacionada às suas posses auferidas de forma ilícita pode ser uma falência financeira, mas se, mesmo assim, não houver reparação perante a própria consciência, esse Espírito poderá renascer em meio à miséria extrema, faltando-lhe, inclusive, o necessário, como *sofrimento-expiação*.

Faz-se necessário esclarecer que os casos acima são ilustrativos e que na Lei de Deus não há uma *receita*, de modo que aquele que assassinou em uma vida não necessariamente será assassinado em uma existência posterior, por exemplo. Como os Benfeitores espirituais nos ensinam, a Providência tem muitas formas de nos reeducar, não obrigatoriamente passando pelas mesmas condições.

Por fim, podemos nos rebelar contra essas expiações e aí agravaremos os nossos sofrimentos. Ainda no item refletido anteriormente, Kardec nos diz: *Pode-se, ao contrário, considerar como expiações as aflições que provocam queixas e impelem o homem à revolta contra Deus.*

Quando o Espírito reencarna com uma expiação, convocando-o ao aprendizado e reparação, e, em vez de aceitar resignado, revolta-se contra a bondade do Criador, aprofunda os seus sofrimentos, a ponto de se afastar, energicamente, de Deus.

Em muitos casos, o Espírito, por exemplo, querendo aniquilar a própria vida imortal, que não compreende, põe fim à vida do corpo físico, numa vã tentativa de se *descriar*, não se sentindo Espírito imortal, filho de Deus. Contudo, ao chegar ao plano espiritual, percebe que o sofrimento continua de forma mais acerba.

O *sofrimento-rebeldia é*, sem dúvida, o maior infortúnio do Espírito, comumente conhecido como *fundo do poço*, que, em verdade, não tem fundo, aprofundando-se sempre mais, caso ele aja com mais rebeldia. Todavia, cedo ou tarde, chega um dia em que o Espírito cansa de sofrer e busca o alívio para as suas dores, solicitando ao Criador novas oportunidades de restabelecimento de si mesmo, pois todos nós fomos criados para a pura e eterna felicidade.

Diante disso, por exemplo, quando somos agredidos, caluniados, por alguém, não somos responsáveis diretamente pelas ações do outro que nos agride, mas somos responsáveis pela experiência-desafio que nos acontece, pois, se nada nos ocorre ao acaso, havendo em tudo um porquê, aventar que passamos por uma experiência desnecessariamente é admitir uma injustiça que Deus permitiu. Como devido à onipotência, à onisciência e à onipresença de Deus é impossível qualquer injustiça, mesmo quando o ser humano age de forma injusta, é porque nós mesmos, por meio da Lei de Causa e Efeito e da Lei de Atração, atraímos o problema, sendo um contrassenso a revolta. Ao contrário somos convidados, nesse caso, a colocar o *fermento* nas *três medidas de farinha*, ou seja, agir com mansidão e humildade.

As experiências, sejam elas estímulo ou desafio, são convites profundos para que nos conectemos com as Leis Divinas, gradualmente alcançando níveis mais profundos, e assim, sentindo-nos pertencentes ao Universo. Somente nos observando com profundidade, saberemos o quanto estamos conectados às Leis ou nos afastando delas deliberadamente.

Esse processo se finda quando estiver tudo levedado, ou seja, quando não for mais necessário fazer esforços para estar conectado com a Lei. Dessa maneira, tudo estará completamente *levedado* quando todas as experiências houverem sido vivenciadas no estado do Espírito que se purificou e se tornou Crístico.

O Espírito Crístico, pela sua condição evolutiva, movimenta o Reino dos Céus, ou seja, movimenta as Leis Divinas, porque não necessita fazer esforços para se conectar a elas, pois já as internalizou por completo.

Portanto, quando atingido esse estágio evolutivo é porque a massa toda se levedou. Houve, desse modo, a superação de todo processo da ignorância do não saber, não sentir e não vivenciar a Verdade.

Entretanto, passamos pelas experiências a todo instante e, em muitos casos, nós desprezamos as experiências, devido a um movimento de preguiça moral. Cabe somente a nós decidirmos o que faremos com as experiências que nos chegam, sejam elas, desafio ou estímulo, se as transformaremos em aprendizado ou as rechaçaremos.

Imprescindível é bem aproveitar as experiências, pois, se elas nos são agradáveis, somos convidados a nos preencher de gratidão, uma vez que o Espírito, quando grato, é um Espírito profundamente conectado com as Leis Divinas e que bem aproveitou a relação com o Criador, porque Deus convive com Seus filhos por meio das experiências. Contudo, se é uma experiência-desafio, desagradável, o convite é buscar sentir e desenvolver a gratidão também pelo aprendizado que ela nos proporciona. Sentiremos gradualmente essa gratidão em meio às experiências-desafio quando superarmos os três níveis de ignorância, aprendendo com a experiência.

Teremos sempre o que aprender com uma experiência-desafio, e é naturalmente possível sentir-se grato em aprender com ela. Porém, se não nos esforçarmos para colocar o *fermento nas três medidas de farinha*, a experiência se tornará extremamente dolorosa e atormentadora.

Tomando por princípio a Lei de Liberdade, quando fazemos uma escolha, assumimos uma responsabilidade, gerando um efeito desse processo. Quando a escolha é positiva, criamos um círculo virtuoso, em que as experiências que atrairemos serão gratificantes. Entretanto, se a escolha que fizermos for equivocada, permaneceremos na responsabilização, sofrendo os efeitos da causa equivocada. Contudo, a Lei de Misericórdia nos tutelará para que possamos reparar a causa, atraindo experiências que nos levem a transmutar o círculo vicioso em virtuoso.

Quando fechamos o ciclo da experiência, ou seja, atraímos como efeito a experiência decorrente de uma causa pretérita, responsabilizando-nos por ela, no caso, fazendo esforços para superar os três níveis de ignorância, todo o sentimento da gratidão que sentimos pela experiência e pelo aprendizado é a *massa sendo levedada*, porque nos conectamos com as Leis em um profundo desenvolvimento de virtudes.

Se houver aprendizado, mínimo que seja, a gratidão virá por meio da experiência em que superamos. Desse modo, será de experiência em experiência que nós vamos *levedar toda a massa*.

O processo da superação da ignorância do não saber, do não sentir e do não vivenciar depende da força de vontade do Espírito. Independente de quão vasto é o nosso conhecimento intelectual, pois será a profunda vontade do Espírito em desenvolver virtudes e se conectar com as Leis Divinas, em sua consciência, que nos iluminará o entendimento diante das experiências.

Haverá momentos, em nossa existência, que não conseguiremos formular nenhuma resposta intelectualizada para o que estamos sentindo ou vivenciando em uma experiência, pois o intelecto está no campo da informação, mas o sentimento está no campo do Ser Essencial, da consciência. Nessas ocasiões, somente a energia do amor, do desenvolvimento das virtudes, que nos guiará até a resposta consciencial, porquanto o amor obtém a resposta para toda e qualquer pergunta, pois a conhecemos no âmbito da Essência.

Quando não conseguimos formular nenhuma resposta intelectiva e, ainda assim, continuamos angustiados, inquietos, qual o convite dessa experiência? É aprofundar as nossas reflexões, buscando consciencialmente acessar a causa dessa angústia, permitindo-nos, por meio da Verdade, acessar a dimensão do amor, obtendo, então, a resposta, porquanto a sabedoria está na dimensão do amor. Somente identificamos algum nível de ignorância quando, pelo critério do amor e do autoamor, nos permitimos ir a fundo nas questões existenciais, buscando iluminar o conflito.

Perante as experiências, somos convidados a nos amar e, consequentemente, amar as experiências pelas quais passamos. Desse modo, submetendo-nos à missão do Espírito Imortal, que é a de conhecer a Verdade e gradualmente se aproximar de Deus, conquistamos a felicidade.

Estamos sendo convidados, nesta experiência reencarnatória, a fazer o que não fizemos em outras existências passadas, quando fomos convidados a usar o *fermento nas três medidas de farinha*, e, por preguiça moral, não o fizemos.

Portanto, pela infinita misericórdia do Criador, temos mais uma oportunidade de colocar o fermento nas três medidas, em todas as nossas experiências ao longo da atual existência, permitindo-nos ascender existencialmente perante a nossa própria consciência, ou poderemos por escolha, fazendo uso da Lei de Liberdade, continuar insubmissos à missão de conhecer a Verdade nos três níveis e permanecer murmurando, privando-nos de evoluir e crescer na vertical da vida.

Entretanto, como Espíritos em evolução, não teremos apenas experiências prazerosas, tampouco todas elas resultarão em êxito. Pelo contrário, como somos Espíritos imperfeitos: é natural acertarmos e errarmos ao longo da existência, pois faz parte da natureza do aprendiz errar e acertar até que aprenda. Porém, quando colocamos na experiência que não nos foi exitosa o *fermento nas três medidas de farinha*, convertemo-la em experiência-aprendizado.

Portanto, no nosso nível evolutivo, nem todas as experiências serão exitosas, mas podemos transformar essa experiência não exitosa em uma experiência-aprendizado, quantas vezes forem necessárias, até que tenhamos aprendido e apreendido em profundidade.

O convite maior é não entrar em qualquer movimento de culpa ou desculpa pelas experiências não exitosas, mas as vermos como experiências-aprendizado, pois, ao aprendermos, colocaremos *o fermento nas três medidas de farinha* em outra oportunidade.

Assim, aprenderemos com o erro, pois, quando superarmos a ignorância do não saber, sentiremos as consequências do erro cometido, que é o segundo nível, focalizando-nos nas virtudes a serem desenvolvidas. Nesse caso, desenvolver as virtudes do autoamor e do autoperdão, e, caminhar para o terceiro nível, que é vivenciar a reparação, quantas vezes forem necessárias.

É importante buscar desenvolver a habilidade de nos autoacolhermos diante dos erros, autoincentivando-nos a reparar à medida que formos passando pelas experiências ao longo da existência, pois, assim, o Espírito se tornará mais dócil perante as adversidades, porque se acolheu, se amou e se permitiu reparar.

Bibliografia

CERQUEIRA, A. F. *Psicoterapia à luz do Evangelho de Jesus.* Santo André: EBM, 2004.

FRANCO, D. P. Pelo Espírito Joanna de Ângelis. *Triunfo pessoal.* Salvador: Leal, 2002.

_____. *Momentos de Meditação.* Salvador: Leal, 1988.

_____. *O Ser Consciente.* Salvador: Leal, 2002.

KARDEC, A. *O Evangelho Segundo o Espiritismo.*112. ed. Rio de Janeiro: FEB, 1944.

_____. *O Céu e o Inferno.* 40. ed. Rio de Janeiro: FEB, 1944.

_____. *A Gênese.* 37. ed. Rio de Janeiro: FEB, 1944.

_____. *O Livro dos Espíritos.* 83. ed. Rio de Janeiro: FEB, 1944.

NOVO TESTAMENTO. Tradução de João Ferreira de Almeida. Tradução revista fiel ao texto original. Campinas: Geográfica, 2000.

Sobre o Autor

Alírio de Cerqueira Filho

Atualmente é membro da Diretoria Executiva da Federação Espírita do Estado de Mato Grosso. Participa do movimento espírita desde 1980. É escritor e expositor espírita. Realiza palestras e seminários por todo Brasil e Exterior. Foi diretor do Departamento de Estudo e Doutrina da Federação Espírita do Estado de Mato Grosso de 1982 a 1996, quando foi eleito para ocupar o cargo de vice-presidente para Assuntos Doutrinários, tendo exercido a função por dois mandatos consecutivos.

Profissionalmente, Alírio é médico com especialização em psiquiatria, homeopatia, psicologia e psicoterapia transpessoal.

Contato com o autor:
acerqueira@espiritizar.org

O que é o
PROJETO ESPIRITIZAR

O **PROJETO ESPIRITIZAR** é um instrumento desenvolvido pela Federação Espírita do Estado de Mato Grosso (Feemt) para o Movimento Espírita, cujo objetivo é estimular a sintonia com o Projeto Iluminativo de Jesus, por meio da Doutrina Espírita.

O **PROJETO ESPIRITIZAR** desenvolve em suas ações a tríade **Qualificar, Humanizar e Espiritizar**, proposta pela Mentora Joanna de Ângelis ao Movimento Espírita.

Para que esse objetivo seja alcançado, o Projeto Espiritizar trabalha em três focos principais:

1 – **Ações para qualificar** – realizar ações operacionais, nos campos administrativo e doutrinário, buscando a eficiência e a eficácia, com a finalidade de se obter a maior qualidade possível, de modo a se conseguir o objetivo principal da Doutrina Espírita.

2 – **Ações para Humanizar** – realizar ações para conhecer, refletir, sentir e vivenciar o Evangelho de Jesus, redivivo pela Doutrina Espírita, em nossas vidas, de modo que possamos investigar as Leis Divinas Naturais para amá-las e vivenciá-las em nosso dia a dia, por meio da prática das virtudes cristãs.

3 – **Ações para Espiritizar** – realizar ações para se aprofundar nas bases kardequianas da Doutrina Espírita, aproximando cada vez mais Movimento e Doutrina, de modo a se criar uma consciência espírita para que a finalidade maior do Espiritismo seja cumprida, restaurando o Cristianismo primitivo para vivenciarmos plenamente o sentido do Espiritismo em nossas vidas, tendo Jesus como Modelo e Guia e Kardec como o norteador para nos direcionar até o Cristo.

Saiba mais sobre o **PROJETO ESPIRITIZAR** acessando o site *www.espiritizar.feemt.org.br*

Acervo do
Projeto Espiritizar

DVD e MP3
Livros ——— www.livrariaespiritizar.com.br

Videoaulas
Palestras ——— espiritizar.feemt.org.br/videoaulas

Série Qualificar

Subsérie Atendimento Espiritual

- Fluidoterapia Espírita - Passes e Água Fluidificada
- A prática da fraternidade no Centro Espírita - Como realizar recepção fraterna, atendimento fraterno e implantação do evangelho no lar

Subsérie Comunicação Social Espírita

- A Essência da Comunicação
- Exposição Doutrinária Espírita

Subsérie Educação Mediúnica

- Mediunidade e Obsessão
- A Prática da Mediunidade com Jesus
- Reflexões Mediúnicas
- Reuniões Mediúnicas e os Vários Tipos de Mediunidade
- Segurança Mediúnica e Energia dos Chakras

Subsérie Infância e Juventude

- A Educação da Criança e do Adolescente para a Prática das Virtudes
- A Educação da Criança e do Adolescente para a Prática das Virtudes 2: A Importância da Formação Moral no Lar
- A EducaçãoV da Criança e do Adolescente para a Prática das Virtudes 3: A Importância da Formação Moral no Centro Espírita

Subsérie Liderança Espírita

- Modelos de Liderança, Trabalho e Autotransformação

Subsérie Promoção Social Espírita

- Fora da Caridade Não Há Salvação
- Fora da Caridade Não Há Salvação 2
- Fora da Caridade Não Há Salvação 3

DÚVIDAS? NOS MANDE UM E-MAIL: comunicacao@feemt.org.br

Série Humanizar

Subsérie Amar é Viver em Família

- Jesus Modelo e Guia da Família
- Relacionamento Familiar Saudável
- Saúde da Relação Conjugal
- Saúde da Relação Pais e Filhos
- Saúde das Relações Familiares

Subsérie Estudo Transpessoal-consciencial do Evangelho

- Parábolas Terapêuticas
- Parábolas Terapêuticas - Volume 2
- Psicoterapia à Luz do Evangelho de Jesus

Subsérie Saúde Espiritual

- Cura Espiritual da Ansiedade
- Cura Espiritual da Depressão
- Cura Espiritual das Fobias e do Pânico
- Depressão e Obsessão: Duas Faces de Uma Doença Espiritual
- Energia dos Chakras e o Poder Terapêutico da Gratidão
- Energia dos Chakras e o Poder Terapêutico da Fé, da Meditação e da Oração
- Energia dos Chakras e o Poder Terapêutico de Se Sentir um Espírito Imortal
- Energia dos Chakras - Saúde e Autotransformação
- Energia Mental e Autocura
- Medite e Viva Melhor - Volume I
- Medite e Viva Melhor - Volume II
- A Obsessão Silenciosa
- Saúde Espiritual
- Saúde Existencial
- Sexualidade e Saúde Espiritual
- Sexualidade e Saúde Espiritual 2: Homossexualidade
- Sexualidade e Saúde Espiritual 3: Erotismo
- Suicídio - Falsa Solução!

DÚVIDAS? NOS MANDE UM E-MAIL: comunicacao@feemt.org.br

Subsérie Reflexões Conscienciais

- O Cântico das Virtudes
- Dias Felizes
- Equilíbrio Existencial
- A Era dos Fenômenos Morais
- Eu, Espírito Imortal
- O Espírita e a Vivência do Amor
- A Sublime Oração de Francisco de Assis
- Vozes-Alerta

Programa de Estudo Sistematizado Reflexivo-sistêmico

Estudo Reflexivo da Série Psicológica de Joanna de Ângelis

- Diretrizes Seguras para Desenvolver o Autoamor
- Diretrizes Seguras para Desenvolver a Autoconsciência
- Diretrizes Seguras para Libertar-se da Culpa

Estudo Reflexivo das Obras Básicas da Doutrina Espírita e do Evangelho de Jesus

01 Introdução ao Estudo Reflexivo da Doutrina Espírita
01 A Presença Amorosa de Deus em Nossas Vidas
02 O Significado das Leis Divinas em Nossas Vidas
03 A Presença Amorosa de Jesus em Nossas Vidas
04 A Influência dos Espíritos em Nossas Vidas
05 O Significado da Imortalidade em Nossas Vidas
06 O Significado da Lei de Reencarnação em Nossas Vidas
07 O Processo de Desencarnação em Nossas Vidas
08 O Significado das Leis de Liberdade, Responsabilidade e Causa e Efeito em Nossas Vidas
09 O Significado das Leis de Progresso e Trabalho em Nossas Vidas
10 O Significado das Leis Divinas nas Relações Sociais
11 O Significado da Lei de Adoração em Nossas Vidas
12 O Significado da Lei de Amor, Justiça e Caridade em Nossas Vidas

DÚVIDAS? NOS MANDE UM E-MAIL: comunicacao@feemt.org.br

Série Espiritizar

- O Centro Espírita e a Promoção do Espírito Imortal
- Como Implementar Projetos Iluminativos
- Consciência Espírita
- Estudo Reflexivo no Centro Espírita: uma Proposta de Allan Kardec
- Jesus e Kardec
- O Legado de Paulo de Tarso ao Cristianismo Redivivo
- A Obsessão e o Movimento Espírita
- Terra - Um Mundo de Regeneração e Você

Projeto Espiritizar *online*

*videoaulas, artigos, notícias,
agenda e muito mais*

espiritizar.feemt.org.br

f facebook.com/feemt.oficial

Conheça outras obras da **Editora Espiritizar**

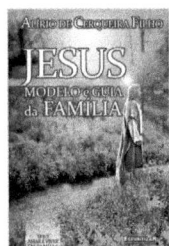

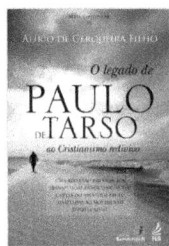

Editora Espiritizar – Federação Espírita do Estado de Mato Grosso
Av. Djalma Ferreira de Souza, 260 Setor Oeste | Morada do Ouro
Cep. 78.055-170 – Cuiabá-MT | Tel. (65) 3644 2727
www.feemt.org.br | editoraespiritizar@feemt.org.br